우리 역사,
어떻게 읽고
생각할까

우리 역사, 어떻게 읽고 생각할까

국사자료 탐구활동 길잡이

김태웅 외 지음

아카넷

　이 책은 문헌자료를 비롯한 다양한 역사자료의 특성을 소개하고 이러한 자료를 탐구활동 차원에서 활용하는 방도를 정리한 국사자료 탐구활동 길잡이다. 특히 탐구문항의 단계적 위계화를 통한 탐구활동의 내실화에 중점을 두었다. 따라서 이 책은 역사교수학습의 제반 문제를 학문적으로 검토하기보다는 국사학의 처지에서 역사교육 현장과의 간극을 좁혀보려는 자그마한 시도의 산물이다.

　일찍부터 역사교육계에서는 사료학습을 학생들의 역사적 사고력을 신장시킬 수 있는 대표적인 교수학습으로 인식하였다. 사료학습은 교사의 딱딱하고 일방적인 강의식 수업을 개선시키는 동시에 학생들을 자료를 능동적으로 분석하고 추론하는 작은 역사가로 키울 수 있는 교수학습방법이라고 여겼기 때문이다.

　그리하여 역사교육계에서는 역사적으로 중요하고 의미 있는 사료들을 선별하여 정리한 뒤 여기에 해설을 덧붙이는 형태의 국사교육자료집을 펴냈다.[1] 이러한 자료집의 간행은 그동안 관련 연구자들이 개별적인 주장을 통해 사료학습의 중요성을 강조하던 차원에서 벗어나 역사교육연구자, 역사학자, 역사교사들이 사료학습의 학문적·교육적 기반을

1　역사교육연구회, 『국사교육자료집』, 교학사, 1989; 전국역사교사모임, 『사료로 보는 우리 역사』, 돌베개, 1992~1994; 서의식 외, 『뿌리 깊은 한국사 샘이 깊은 이야기』 1~7, 솔, 2002~2003.

스스로 구축하려는 노력의 성과라고 할 만하다.

　이러한 성과는 제7차 교육과정에서 '한국근ㆍ현대사' 과목이 검정교과서로 발행되면서 교과서 찬술에 반영되었다. 국사학자들의 연구 성과는 물론 이러한 성과를 사료와 연계시켜 응집시킨 국사교육자료집이 교과서의 탐구활동에 끼친 영향이 결코 적지 않았다. 그 결과 탐구활동 영역은 이들 국사교육자료집과 직간접으로 연계되어 관련 사료로 구성될 정도였다.

　그러나 이러한 교과서의 탐구활동에 근간하여 이루어진 사료학습이 교육 현장에서 소기의 성과를 거두었는가에 대해서는 다소 회의적인 시각이 많다. 이런 회의적인 시각은 사료학습의 불필요성보다는 현실적인 부적합성에서 비롯되었다는 점에서 역사교육 현장이 감당해야 할 부담은 적지 않았다.

　우선 역사수업 시수가 매우 적다는 물리적 제약으로 말미암아 사료학습 자체를 현실적으로 수행하기 어려웠다는 점이다. 특히 교수학습목표의 실현 여부가 오로지 수학능력시험의 성패에 달려 있는 입시 현실에서 진도를 나아가야 하는 역사교사에게는 사료학습이 자칫하면 학생들의 수학능력시험 준비를 방해하는 훼방꾼으로 비칠 수 있었다.

　또한 학생들의 사료 이해 양상과 능력을 제대로 고려하지 않고 사료학습의 수준과 방식을 획일적으로 적용할 경우에는 사료학습이 오히려 역사 지식의 또 다른 주입을 초래함으로써 학생들의 학습의욕을 감퇴시킬 수 있었다. 사료 이해를 통해 인과관계를 과학적으로 탐구한다는 거창한 목표는 어디로 가고 사료가 또 하나의 암기 지식 대상으로 전락할 수 있기 때문이다.

　끝으로 교사는 교사대로 교육과정의 목표와 성취 기준, 교육 현장의 여건 및 학생들의 인지 수준 등에 늘 유의하며 교수내용지식을 구축해야 하는 현실에서 역사교사들에게 역사가들이 갖추어야 할 사료 비판 및 사료 구성 능력을 똑같이 요구할 수 없다. 교육과 연구를 병행하기 어려운 초중등 교육 현실에서는 더욱 그러하다.

　이에 역사교육연구자, 역사교사와 역사학자들은 이러한 현실적 제약을 조금이나마 줄여보기 위해 다방면에서 노력하였다. 예컨대 학생들이 사료를 이해함에 드러나는 문제점을 면밀하게 조사하여 그 원인을 추출하거나 학생들의 사료에 대한 태도를 분석하여 학생들이 사료를 비판적으로 대하도록 지도할 것을 역설하였다.[2] 이러한 연구 성과는 사료 학습의 내용과 방법을 구성하기 위해서는 학습 당사자의 특성을 고려해야 함을 상기시켰다는 점에서 역사학자들도 귀담아 들어야 할 것이다.

그러나 학생들의 사료 이해 양상과 태도에 초점을 둔 논의가 활발하게 진행되는 데 반해 여전히 좁은 의미의 사료에 갇힌 나머지 정작 역사자료로 널리 활용되는 다양한 자료들의 특성과 탐구활동 방도에 대한 본격적인 검토는 이루어지고 있지 않다. 예컨대 기존의 '한국근·현대사' 교과서를 비롯하여 현행 '한국사' 교과서는 탐구활동 영역에 『조선왕조실록』, 『일성록』, 각종 신문 등의 연대기 자료와 함께 회고록, 문학작품, 일기 등 다양한 문헌자료의 기사를 수록하고 있음에도 이들 자료 사이에서 나타나는 특성의 차이라든가 탐구자료의 다양한 구사를 염두에 두고 있지 않다. 심지어 교사용 지도서에도 자료 내용에 대한 설명이 일부 부가되어 있을지언정 이 역시 자료 자체의 특성과 가치를 언급하고 있지 않다.

문헌자료는 주지하다시피 형태상 문자로 기록된 자료일지라도 문헌의 성격에 따라 해석이 달라질 수 있다. 이 중 일기, 개인 서신, 회고록 또는 자서전은 자료로서의 신뢰도가 매우 떨어지는 문헌들이다. 이들 문헌에는 저자가 고의로 은폐하거나 과장, 왜곡한 내용이 많기 때문이다. 신문자료 역시 연대기 자료임에도 검열 당국의 간섭과 신문사의 노선 및 이해(利害)관계에 따라 관점을 달리하거나 사실을 왜곡할 수 있다. 특히 최근에 가장 객관적인 역사자료로 각광을 받는 가운데 학생들의 주된 관심 대상이라고 할 시각자료에 대한 비판적인 접근은 전무하다. 사진의 출처·진위와 설명 정확 여부를 따져보지 않고 함부로 인용한다든가 사진의 사료적 가치를 무시하고 단지 본문을 시각적으로 장식하기도 하였다. 물론 이런 자료의 성격 규정과 비판적 탐구는 역사가의 몫이다. 그러나 이러한 자료가 교과서에 실려 있는 이상 교사 역시 사진의 진위 여부, 촬영자의 의도, 사진과 시대 맥락의 일치 여부 등을 꼼꼼히 분석할 필요가 있으며 학생들도 이러한 탐구활동에 동참할 필요가 있다.

2　최근의 사료 학습 연구 동향에 대해서는 양호환 편, 『한국역사교육의 동향』, 책과함께, 272~282쪽 참조.

또한 현행 '한국사' 교과서의 탐구활동 내용을 보면 탐구문항의 대다수가 기초 사실의 확인, 사실과 의견의 구분, 분석, 추론, 역사적 판단 등으로 이어지는 단계적 탐구 전략을 구사하기보다는 자료에 대한 한두 문항을 제시한 가운데 '설명해보자', '정리해보자', '토론해보자', '서술해보자' 등의 문구로 학생들의 애매모호한 답변을 유도하고 있다. 심지어 탐구문항이 형식적인 질문에 그쳐 탐구자료가 지닌 역사적 의미와 가치마저 떨어뜨리고 있다. 물론 수업시간과 교과서 분량의 제약이 단계적 탐구 전략을 가로막는 요인이다. 이러한 탐구활동 방식은 사고의 단계 과정과 절차를 통하되 자료에 입각하여 논리적으로 실상과 의미를 추론하기보다는 자료에 대한 이른바 직관적인 통찰을 통해 해답을 추출하는 방식에 가깝다. 결국 이러한 방식은 학생들의 역사적 사고 능력을 배양하기는커녕 자칫하면 역사과목에 대한 흥미를 떨어뜨릴 수 있다. 비판적 탐구와 단계적 접근 전략이 필요한 이유가 여기에 있다.

 주지하다시피 비판적 탐구는 어떤 주장이나 대상을 그냥 받아들이거나 감정적으로 무작정 거부하는 태도가 아니다. 어떤 주장이나 대상을 합리적으로 따져 볼 때 과연 받아들일 만한 이유가 있는지를 살피는 것이다. 그런데 이러한 비판적 탐구에는 주의 깊게 읽는 능력, 숨어 있는 맥락을 찾아내는 능력, 주장의 귀결을 추적하여 알아내는 능력 등 다양한 능력이 포함된다. 또한 이러한 능력을 체계적으로 갖추기 위해서는 여러 단계를 거쳐야 한다. 즉 학생들은 쉬운 문항에서 어려운 문항으로, 단순한 질문에서 복잡한 질문으로, 구체적인 요구에서 추상적인 요구로 나아가는 위계적인 탐구문항에 반응하면서 심층적으로 분석하고 논리적으로 사고할 수 있는 길로 나아간다. 반면에 탐구문항 방식이 단편적인 질문으로 일관되거나 병렬적인 문항으로 구성될 경우에는 학생들이 자료에 입각하여 논리적으로 사고하고 역사적 맥락을 이해하기보다는 탐구자료를 파편적인 이야기로 인식하는 가운데 역사적 맥락을 간과할 것이다.

 따라서 탐구활동의 필요성이 줄어들지 않는 한 이러한 제약된 교수학습 여건 속에서도 탐구활동의 효율성과 타당성을 높이고 학생들의 능동적인 참여를 이끌 수 있는 방안들을 지속적으로 모색할 필요가 있다. 탐구활동의 방법과 탐구문항의 구성 등에 관한 실질적인 개선방안 즉 탐구활동의 내실화 방안이 그것이다.

이 방안의 핵심은 크게 두 가지이다. 하나는 형태와 보존 방식의 차이에서 비롯된 여러 유형의 자료가 지니는 특성과 가치를 인지하고 체계적으로 이해하는 것이 급선무이다. 또 다른 하나는 자료 분석과 추론 과정에서 단계적인 탐구 전략(戰略)과 정교한 기술(技術)이 필요하다. 물론 자료의 유형과 성격에 따라 전략과 기술을 달리함은 말할 나위도 없다.

이에 이 책은 이러한 문제의식 아래 탐구활동을 내실화하기 위해 기획되었다. 내용은 크게 3부 9장으로 구성되었다. 제1부는 꼭지별로 일기, 신문기사, 근현대소설 등 문헌자료를 활용하여 탐구활동을 수행하는 내용을 담고 있다. 다만 일반 문헌자료 중 『조선왕조실록』, 『승정원일기』 등 정사(正史)자료가 기존 연구에서 많이 다루어졌기 때문에 여기서는 제외하였다. 제2부는 제1부와 마찬가지로 꼭지별로 시사만화, 사진, 회화, 포스터, 지도 같은 시각자료를 활용하여 탐구활동을 수행하는 내용을 담고 있다. 이들 자료는 아직까지도 신중하게 다루고 있는 자료이지만 '한국사' 교과서에서는 이미 적극적으로 활용되고 있어 이런 시각자료에 대한 전반적인 검토가 필요하다고 판단되었다. 제3부는 통계자료를 활용하여 탐구활동을 수행하는 내용을 담고 있다. 통계자료는 숫자로 표시되어 있어 넓게는 문헌자료에 포함시킬 수 있으나 이야기 형식으로 구성되어 있지 않은 까닭에 통계자료 활용을 별도로 구성하였다.

제1부는 문헌자료를 중심으로 구성되었다. 문헌자료는 여러 자료 중에서 가장 신뢰도가 높고 중요한 사료로 인식된다. 사료 없는 역사는 없다고 말할 정도로 역사 연구에서 사료는 가장 기본적이고 핵심적인 자료이기 때문이다.[3]

근래에 풍속사, 미시사, 생활사 등에 대한 관심이 높아지는 가운데 『삼국사기』, 『고려사』, 『조선왕조실록』 등의 공적 기록물에 가려 주목받지 못했던 일기, 편지, 고문서 등이 학계와 일반인들의 관심을 끌고 있다. 이러한 경향은 민인들의 일상생활이 학계의 관심을 끄는 가운데 일기, 고문서 등이 발굴되면서 더욱 두드러졌다. 이들 자료에는 개개인의 일상생활이 세밀하게 기록되어 있을뿐더러 내면세계가 구체적으로 묘사되어 있기 때문이다. 따라서 학생들이 과거 인물의 일상생활과 내면세계를 이해하기 위해서는 이러한 자료

---

3   杜維運, 『歷史學研究方法論』(權重達 譯), 一潮閣, 1984, 138쪽.

에 대한 탐구활동이 필요하다.

　신문 기사는 근현대 시기 외세의 수많은 침략과 통치, 연이은 전란과 정치 소용돌이 속에서 기존의 1차 기록물을 대신할 만큼 중요한 연대기 자료로 부각되었다. 즉 우리나라 근현대사 연구에서 신문은 '실록' 만큼이나 귀중하게 다루어지고 있으며, 다른 사료들과는 달리 현장성도 뛰어나 교육적으로 가치가 있다. 그러나 신문은 당국의 검열, 신문사의 정치적 이념과 이해관계에 따라 부정확하고 왜곡된 기사를 싣기도 하였다. 그럼에도 신문의 특장과 한계를 동시에 인식해야만 신뢰도를 높이고 사료로서의 활용도가 높아진다.

　문학작품은 앞의 자료와 달리 역사자료로서 활용하는 데는 많은 난점이 따른다. 문학작품이 문헌자료이고 이야기 형식을 띠고 있지만 사실보다는 작가의 예술적 상상력에 근간을 두고 창작되었기 때문이다. 그런데 '한국사' 교과서에는 소설 같은 문학작품의 일부 내용이 원문 그대로든 요약 형태든 다양한 형태로 수록되어 있다. 또한 일부 역사교사들은 수업 현장에서 문학작품을 교수학습자료로 활용하고 있다. 이는 탐구활동 비중이 높아지는 가운데 문학작품이 학생들의 흥미와 관심을 유발할뿐더러 기존의 역사서에서 채울 수 없는 사료의 한계를 보완할 수 있다고 여겼기 때문이다. 따라서 여기서는 문학작품의 활용에서 드러나는 문제점과 함께 그 활용 가능성을 모색하였다.

　제2부는 시각자료를 중심으로 구성하였다. 이들 자료는 이미지에 중점을 둔 나머지 이야기를 담고 있지 못하나 순간적 사실성을 포착하고 있어 자료로서 새롭게 주목받고 있다.

　우선 시사만화는 그 자체로 역사성과 사회성을 지닌 자료이다. 게다가 만화라는 형태가 주는 이점, 즉 흥미를 유발하고 내용 이해를 증진시키는 데 용이하다는 점에서도 역사 수업에서 활용도가 매우 높은 자료라고 할 수 있다. 그러나 시사만화는 작가의 도덕적·정치적 견해를 드러내려는 목적에서 변형하거나 과장하여 표현한 작품이라는 점에서 시사만화의 사료적 가치와 함께 한계 역시 짚어볼 필요가 있다.

　사진은 최근 역사교과서에서 가장 많이 활용하는 시각자료이다. 이는 문자 텍스트의 가독성(可讀性)을 높이고 역사의 현장을 생생하게 전달하는 한편 학습자들에게 학습 의욕과 이해를 쉽게 유발할 수 있기 때문이다. 하지만 교과서에 수록된 사진들이 다른 예술 사진 작품과 달리 전거가 분명하지 않고 설명이 부실하고 정확하지 못해 신뢰도를 떨어뜨리고 있다. 아울러 사진자료에 본래 담겨 있던 촬영 의도와 이미지를 간과한 채 무비판적으로 활용하는 경우도 보인다. 따라서 역사교육 현장에서 사진을 활용할 때는 사진의 장점을 되살림과 동시에 그 문제점을 염두에 두고 활용할 필요가 있다.

회화작품은 화려한 채색과 정밀한 묘사로 학생들이 시대상황을 시각적으로 이해하는 데 가장 유용한 자료이다. 특히 여기에는 작가의 시대 의식과 문화 사조가 담겨 있어 당시 문화사를 이해하는 데 도움을 준다. 그러나 이러한 회화작품은 문학작품과 마찬가지로 작가의 의도와 상상이 투영된 예술작품이라는 점에서 사료로서의 가치와 활용도를 높이기 위해서는 학계와 교육 현장에서 회화작품에 대한 비판이 선행될 필요가 있다.

선전 포스터는 우리 일상생활에서 친숙한 매체로 일찍부터 국가나 사회단체가 특정 정책을 홍보하거나 국민을 계몽하기 위해 적극 활용해왔다. 따라서 선전 포스터는 국가의 이념과 정책 방향을 제시할뿐더러 나아가 역대 정부의 정치적·사회적 지향을 단적으로 담고 있다. 따라서 이러한 선전 포스터는 사회 현실을 그대로 반영하기보다는 정책 당국자의 기획과 의지만이 들어 있다는 점에서 사료로서의 한계를 지녔다. 그러나 짧고 강렬한 표어와 단순한 그림(또는 사진)이 한 장에 담겨있는 포스터는 제작자의 주장을 직접 전달하며 국민의 의식을 통제하고 있다는 점에서 그 시대의 또 다른 산물이라 하겠다.

역사지도는 위치확인, 면적표시, 이동경로, 변화과정, 분포 등을 공간화·시각화하는 데 용이하기 때문에 역사적 사실을 보다 쉽게 이해하기 위한 보조자료로 많이 활용되고 있다. 그러나 지도를 적극 활용하고 있는 역사부도는 실제 교육 현장에서는 그리 활용되지 않을뿐더러 역사교과서에 수록되어 있는 지도 역시 장식물에 가깝다. 무엇보다 지도가 역사적 사건과 사실들을 시각적으로 담기에는 다소 부족하기 때문이다. 그럼에도 역사지도의 장점을 일반 문헌자료와 결합하여 활용한다면 학습 효과를 높일 수 있다.

제3부는 통계표 활용의 의미와 방법을 다루고 있다. 통계는 인간사회를 포함하여 모든 집단과 사회의 현상을 숫자로 나타낸 것이다. 따라서 통계수치는 인간의 삶을 반영한다고 할 수 있으며, 특정한 문제 또는 현상에 대하여 수량화된 정보를 제공함으로써 그 문제에 대한 이해를 도울 수 있다. 물론 역사학에서도 통계는 한 시대의 특정 역사상을 읽어내는 중요한 사료일 뿐만 아니라 역사학자가 자신의 논지를 풀어내고 그것을 뒷받침하

는 데 유용한 도구로 기능하고 있다. 그러나 통계 역시 잘못된 자료에 입각하여 산출되었다면 이른바 통계의 함정에 빠질 수가 있다. 따라서 탐구활동에서 통계를 활용하기 위해서는 통계 자체의 특질에 대한 이해가 선행되어야 하며, 역사자료로서 통계가 갖는 특징 및 장점과 한계를 파악할 필요가 있다.

한편, 교사들이 다양하고 상이한 성격의 생생한 역사자료를 제공하고 그 특성과 가치를 알려준다고 하더라도 이를 실질적으로 탐구할 수 있는 전략과 정교한 기술을 공유하지 못한다면 이러한 역사자료들도 학생들에게는 한낱 암기해야 할 자료에 지나지 않는다. 기존의 역사 교과서가 탐구활동을 내세워 좋은 자료를 제시하였지만 학생들이 이러한 탐구활동 자료를 여전히 무거운 과제로 느끼는 이유는 여기에 있다. 따라서 이런 문제를 해소하기 위해서는 자료를 체계적으로 분석하고 구체적으로 탐구할 수 있는 전략과 기술을 제시할 필요가 있다.

이에 이 책에서는 다양한 역사자료의 특성과 자료 활용 방식을 소개할 뿐만 아니라 꼭지별로 탐구문항 만들기 항목을 제시하였다. 자료 선정부터 실제 탐구문항 제작에 이르기까지 탐구활동의 전 과정을 탐구문항의 위계에 맞추어 단계적으로 설정하였다. 즉 자료 선정의 기준과 문항 제작 시 유의할 점을 제시함은 물론 예시문항과 유제문항을 제공함으로써 학생들이 스스로 이러한 제반 기준과 유의 요소들을 탐구활동에 적용하여 자신들의 비판적 탐구력을 신장하도록 하였다. 많은 지면이 탐구문항 만들기에 할애된 것은 이 때문이다.

이 책이 한 권의 책으로 나오기까지에는 대학원 수업에서 관련 연구 성과를 정리하고 구미 역사교과서를 번역·분석하였으며 바쁜 일과에도 직접 글을 쓴 역사교사와 대학원생들의 노력이 제일 컸다. 특히 본인의 빡빡한 학업 일정 속에서 여러 필자들과 연락하고 글을 모은 김은영 박사생의 헌신이 큰 힘이 되었다. 그러나 짧은 기간에 공동으로 이 책을 집필한 까닭에 독자들의 기대를 충족하기에는 미진한 점이 적지 않다. 이러한 점은 대표 필자의 역량 탓으로 이에 따른 책임은 전적으로 대표 필자의 몫이다. 아울러 이 책이 오늘도 교육 현장에서 열심히 가르치는 역사교사들은 물론 역사자료를 합리적으로 다루며 역사의 진실에 가까이 다가가려는 학생들에게 국사자료 탐구활동 길잡이로 활용되었으면 하는 바람에 기대어 집필되었음을 널리 헤아려주실 것을 고대한다.

끝으로 난삽하고 허점투성이의 글들을 독자의 처지에서 문제점을 지적할뿐더러 희귀한 시각자료를 구하는 데 힘을 기울인 아카넷 편집부 여러분의 노고에 감사드린다. 뿌리 깊은 나무는 세찬 바람에도 쓰러지지 않듯이 반듯한 역사교육은 온갖 거센 외풍에도 이겨나가리라는 희망이 이들의 노력을 더욱 빛나게 하리라 믿는다.

와우산 밑자락에서
희망찬 갑오년(2014)을 기다리며
필자들을 대표하여 김태웅이 쓰다

차례

책을 펴내며 • 김태웅 ··· 5

1부 문헌자료

1장 생활사 자료 • 하명준·김상기
1. 일상생활의 발견, 고문서·일기·서간 ························· 19
2. 생활사 자료 활용하기 ·· 24
3. 탐구문항 만들기 ················· 26 | 유제 ················· 32

2장 신문기사 • 박지원
1. 근현대사 연구의 중추, 신문 ··· 39
2. 신문기사 활용하기 ·· 43
3. 탐구문항 만들기 ················· 46 | 유제 ················· 53

3장 근현대소설 • 김대호
1. 사실과 허구 사이, 한국 근현대소설 ····························· 59
2. 근현대소설 활용하기: '역사적 사고'와 '역사화'를 활용한
   비판적 소설 읽기 ··· 61
3. 탐구문항 만들기 ················· 63 | 유제 ················· 72

2부 시각자료

4장 신문 시사만화 • 김은영 · 박지원 · 김보민 · 김정희

1. 신문 시사만화의 탄생 …………………………… 81

2. 신문 시사만화 활용하기 …………………………… 86

3. 탐구문항 만들기 …………… 88 │ 유제 …………… 93

5장 사진 • 김태웅 · 정진숙 · 이선숙

1. 기억의 이미지, 사진 …………………………… 99

2. 사진자료 활용하기 …………………………… 103

3. 탐구문항 만들기 …………… 106 │ 유제 …………… 112

6장 그림 • 최윤제

1. 미술 그리고 역사학 …………………………… 117

2. 미술작품 활용하기 …………………………… 120

3. 탐구문항 만들기 …………… 122 │ 유제 …………… 129

7장 선전 포스터 • 김은영

1. 시대의 초상, 선전 포스터(propaganda poster) …………… 135

2. 선전 포스터 활용하기 …………………………… 140

3. 탐구문항 만들기 …………… 143 │ 유제 …………… 148

8장 지도 • 조민아 · 정재선 · 허두원

1. 정보의 보고, 지도 …………………………… 157

2. 지도 활용하기 …………………………… 160

3. 탐구문항 만들기 …………… 162 │ 유제 …………… 169

3부 통계자료

9장 통계자료 • 김광규

1. 역사학과 통계의 만남 ····························· 177
2. 통계자료 활용하기 ····························· 179
3. 탐구문항 만들기 ············· 181 │ 유제 ············· 188

참고문헌 ····························· 197
필자약력 ····························· 211

1부

문헌자료

생활사 자료

신문기사

근현대소설

생활사
자 료

하명준 · 김상기

1. 일상생활의 발견, 고문서 · 일기 · 서간

어린 시절 우리는 전래동화나 위인전을 읽으며 과거로 시간여행을 떠나곤 했다. 그곳에서 우리는 최고 권력자인 국왕에서부터 이름 모를 어느 아낙에 이르기까지 수많은 사람들을 만나고 그들의 사는 이야기를 들었다. 하지만 학교에서 배우는 역사는 실제 당시에 살았던 사람들의 모습을 다루기보다는 사회의 구조와 제도를 다루는 경우가 많아 역사 과목은 딱딱한 암기 과목이라는 인상을 주게 되었다. 그런데 근래에 들어, 사회구조도 중요하지만 그 속에 매몰되어 있던 사람과 그들의 경험을 중시하면서, 역사의 행위자로서 인간의 주체성을 강조하는 분야가 등장했다. 이것이 바로 생활사이다.[1] 생활사는 과거 사람들의 일상적인 생활모습, 생활양식과 그 변화상을 추구하는 역사이다. 우리는 과거에 살았던 다양한 사람들의 삶을 조망하고 우리의 삶을 과거와 연관시켜보며 역사, 그리

---

1 알프 뤼트케 외 지음, 이동기 외 옮김, 『일상사란 무엇인가』, 청년사, 2002; 문기상, 「일상생활사(Alltagsgeschichte)」, 《歷史敎育》 57, 역사교육연구회, 1995. 생활사 연구는 유럽에서 시작되어, '미시사', '포스트모던 역사학'이라는 이름으로 하나의 조류를 형성하고 있다. 로버트 단턴의 『고양이 대학살』, 카를로 진즈부르그의 『치즈와 구더기』, 나탈리 제먼 데이비스의 『마르탱 게르의 귀향』, 페르낭 브로델의 『물질문명과 자본주의-일상생활의 구조-』 등은 이 분야의 활로를 개척하고 방법론을 모색한 대표적인 저작이다.

고 그 속의 사람에 대한 폭넓은 이해와 안목을 기를 수 있다. 아울러 역사는 딱딱한 암기 과목이 아니라 사고하고 이해하는 과목으로 생각하게 됨으로써, 역사에 대한 흥미를 높일 수 있게 될 것이다.

그런데 과거 사람들의 일상생활을 현재의 우리가 어떻게 알 수 있을까? 우리 조상들은 한평생을 살아가면서 수많은 기록을 생산하고 활용했으며, 그중 일부는 계속 보존되어 오늘까지 전해지고 있다. 따라서 이러한 자료를 통해 그들의 삶의 일단을 엿볼 수 있다. 개인이 남긴 일기, 편지, 고문서, 여행기 같은 사적(私的)인 기록들과 편집되지 않은 원(原) 자료들은 현재까지도 꾸준히 발굴·번역되고 있는데, 여기에는 관찬사서에는 나타나지 않는 개인의 일상생활이 드러난다. 생활사 자료에는 문자자료뿐만 아니라 구전자료, 그림, 사진, 조형물, 의례 등 종류가 매우 다양하다. 이 꼭지에서는 과거 사람들의 일상에 접근하는 데 유용한 편지를 포함한 고문서류와 일기 자료 등 문자자료를 '생활사 자료'라고 부르기로 한다.

생활사 자료 중에서 고문서(古文書)는 말 그대로 옛 문서로, 편찬·편집된 서적류, 일기나 비망록 같은 기록류, 저술, 등록, 장부 등과는 구별되는 특정한 목적을 위해 작성되어 주고받은 문헌을 말한다.[2] 구체적으로 편지글인 간찰(簡札)·서간(書簡)에서부터 사고파는 내용을 기록한 매매문기(賣買文記), 재산의 상속과 분배에 관한 문서인 분재기(分財記), 청원서 또는 진정서 성격을 띠는 소지(所志) 등 고문서는 그 종류와 수를 일일이 열거하기 어려울 만큼 많다. 이러한 고문서는 인간의 삶과 관련된 내용이 망라되어 있기 때문에 삶의 전체적인 모습과 다양한 신분층의 생활을 구체적으로 보여준다. 현재 남아있는 고문서는 조선 후기에 작성된 것이 대부분이지만 최근에는 고대의 고문서까지 발굴·정리·간행되고 있어 활용할 수 있는 폭이 한층 넓어졌다.

이와 같은 고문서 가운데 간찰·서간, 즉 편지는 옛 사람들의 개인적인 생각과 감정을 보여주는 귀중한 자료이다. 사람들에 의해 오고 간 편지를 추적하다 보면 혈연과 학연 등으로 촘촘하게 얽혀 있는 여러 '인연의 고리'들을 발견할 수 있다.

---

2 최승희, 『증보판 한국고문서연구』, 지식산업사, 1989, 17~23쪽.

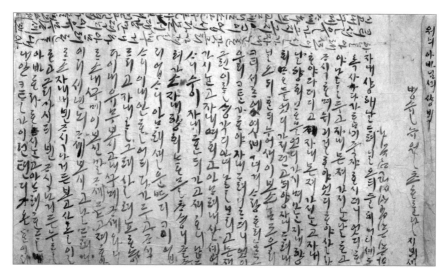

안동시 정상동의 이응태(1556~1586) 묘에서 발견된 원이 엄마 편지(국립 안동대학교 박물관 소장)

"당신 늘 나에게 말하기를 둘이 머리가 세도록 살다가 함께 죽자고 하시더니, 어찌 하여 나를 두고 당신 먼저 가셨나요?"라고 시작해서 빼곡히 써내려 간 원이 엄마의 한글 편지에는 16세기 후반, 남편을 먼저 보낸 아내의 안타깝고 애틋한 사랑 표현이 고스란히 담겨 있다. 노론의 중심 가문 출신이지만 몰락한 양반이었던 조병덕(1800~1870)의 1,700여 통에 이르는 편지도 있다. 이는 19세기 조선 양반의 사생활과 사회상을 안내해주는 등불이 된다. 순원왕후(1789~1857)의 한글편지에서는 공식적인 기록에는 드러나지 않은 19세기 세도정치와 궁중생활의 이면을 여인의 시각으로 엿볼 수 있다. 『완당집』에 수록된 김정희의 편지를 통해서 유배자의 교우 관계나 심경, 유배생활에 대한 실정 등을 가늠해볼 수도 있다.

한편, 일기는 실생활을 보여주면서도 개인의 깊은 내면세계까지 진술하게 드러낸다. 임진왜란 중에 막내아들의 전사 소식을 접한 이순신은 『난중일기』에서 "나도 모르게 간 담이 떨어져 목 놓아 통곡, 통곡하였다"라고 하면서 자식 잃은 아비의 비어져 나오는 슬픔을 극진히 표현하였다. 이에 더해서 일기를 읽다 보면 어떤 결과만이 아니라 그 결과가 발생하게 된 과정과 특징적인 모습, 일기를 쓴 사람이 인상 깊게 생각했던 미세한 부분

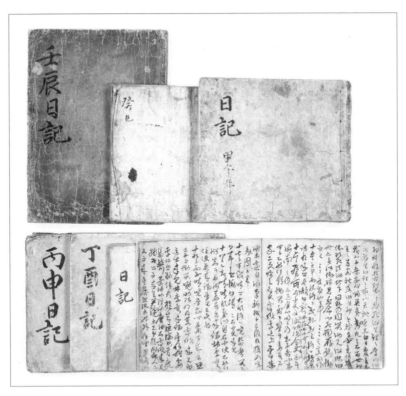

이순신이 임진왜란 7년 동안 쓴 『난중일기』(충무공 이순신 기념관 소장)

까지 세세하게 알게 된다. 이러한 일기는 개인이 일정 기간 매일매일 경험한 것을 기록해 놓은 즉시(即時)의 기록이다. 이 점에서 일기는 회고담 등에 비해 기록의 사실성이 굉장히 높고 역사적 자료로서의 가치도 크다.[3] 한 개인이 평생 쓴 일기나 몇 대에 걸쳐 쓴 일기가 남아 있는 경우에는 과거 사람들의 삶의 양식과 시대의 변화상을 면밀하게 파악할 수 있 다. 어떤 학자가 말하였듯이 "고문서가 낱장의 사진자료와 같은 것이라면 일기는 비디오 카메라로 찍은 필름과 같다"[4]는 비유는 일기가 지닌 자료적 특성을 잘 설명해준다. 조선 후기로 갈수록 일기를 작성하는 주체는 양반 남성을 넘어서 여성이나 무관, 서리 등의 계 층으로까지 현저하게 확대되었다. 이와 더불어 문자 생활을 영위했던 지배층뿐만 아니라

---

3 정구복, 「朝鮮朝 日記의 資料的 性格」, 《정신문화연구》 19-4, 1996, 4쪽.
4 위의 논문, 13쪽.

그들이 일상에서 마주하는 피지배층의 생활까지 적어 놓았기 때문에 일기의 내용은 보다 풍부해졌다. 요컨대 일기는 역사의 '속살'을 들여다볼 수 있는 유용한 도구인 셈이다.

이러한 생활사 자료를 활용한 '역사 읽기'는 기존의 정치사나 사회경제사적 이해를 기층까지 확장시키는 데 큰 기여를 하고 있다. 개개인의 삶은 정치적 상황이나 사회경제적 조건에 의해서 규정되기도 하지만 반드시 그 범주 안에서 작동하는 것은 아니다. 양반이라고 해서 모두 같은 처지였던 것이 아니며, 천민이라고 해서 모두 동일한 천민이 아니었다. 과거 수많은 사람들이 구전과 기록으로 남긴 일상의 여러 흔적들을 활용하면 양반·중인·상민·천민의 개별화되고 특정한 목소리를 생생하게 드러낼 수 있으며, 어느 시기, 어떤 지역의 인물로 자신의 삶을 어떻게 살았는지에 대해서 구체적으로 살펴볼 수 있다. 가령, 역사의 다수를 차지하였으나 '민중' 또는 '백성'이라는 이름으로 동질화하고 획일화시켰던 내용들을 그 나름의 가치와 개체성을 가진 것으로 재인식하고 생명력을 불어넣으면, 우리는 훨씬 더 다양하면서도 중층적인 의미를 지닌 '새로운 역사들'을 대면할 수 있게 될 것이다.

이상과 같은 생활사는 단지 기존의 역사 이해를 보완하는 데 그치지 않는다. 경우에 따라서는 기존의 역사 이해를 비판하고 조정하도록 하기도 한다. 18세기 전반 밀양 마의리(磨義里)에 세워진 이방 허초벽의 공덕비를 동네 주민들이 오랫동안 '개무덤'이라고 불렀다는 사실에서 당대 향리집단을 향한 농민의 분노를 유추할 수 있다.[5] 동시에 허초벽의 활동이 어떤 입장과 시각에 의해서 '공덕'으로 평가되어졌는지도 한 번 생각해볼 수 있다. 19세기 후반 흥선대원군이 청나라 보정부에 유폐되었을 때 명성왕후에게 보낸 편지는 당시 대원군의 심경과 두 사람의 역학 관계 등을 짐작할 수 있게 한다. 아울러 '마누라'라는 표현이 아내를 가리키는 것이 아니라 지체 높은 사람의 부인을 높여 부를 때 사용된 말이라는 사실 등을 새롭게 알 수도 있다.

---

5 이훈상, 「향리 생활」, 한국고문서학회 엮음, 『조선시대 생활사』, 역사비평사, 1996, 275쪽.

2. 생활사 자료 활용하기

생활사에서 주로 다루는 내용은 과거 사람들의 의식주, 종교, 가정, 조세, 여가, 범죄, 시국에 대한 생각, 투병 생활 등 일상 전반에 걸친 것으로 현대인의 삶의 모습과 맞대어 비교할 수 있다. 학생들은 일상이라는 공통분모를 가지고 과거와 현재, 옛 사람과 자신의 모습을 견주어 봄으로써 과거와 소통하며 친근하게 혹은 낯설게 마주한다. 그리고 추체험이나 감정이입의 방법 등을 통해서 스스로 역사적 존재로서의 자신을 객관화할 수 있으므로 생활사 자료는 학생들의 호기심을 자극하고 흥미를 유발시켜 능동적인 역사학습을 이끌어 내는 데 도움을 준다. 역사학습에 생활사 자료를 포함하는 것은 현행 교과서 서술이 제시하는 "거시적·구조적 시각에서 바라본 막연한 역사상"이 갖는 단점을 보완할 것으로도 기대되고 있다.[6]

그리하여 최근 생활사 자료를 활용한 역사수업이 주목받고 있다. 그러나 막상 전문 연구자가 아닌 사람들이 '날것'의 자료를 적절하게 활용하기는 쉽지 않은 일이다. 생활사 자료를 제시할 때 교사는 학생들에게 역사적 배경을 충분히 설명해야 하고 학생이 이해할 수 있도록 용어 선택에서도 주의를 기울여야 한다. 그리고 학습 효과를 극대화하기 위해 적절한 자료를 잘 찾아내야 하며, 그 자료에 대한 해석이 수업에서 달성하고자 하는 목표에 부합되도록 학생들을 유도하는 것이 중요하다. 이러한 점을 고려하면서 역사 수업에서 생활사 자료를 활용할 때 유의해야 할 사항들을 좀 더 구체적으로 알아보기로 한다.

첫째, 생활사 자료의 소재를 파악하고 현대어로 번역하는 문제가 있다. 생활사 자료는 옛날 어투의 한글로 작성되어 있기도 하지만 대개는 한문으로 쓰여 있어, 연구자가 아닌 일반인에게는 접근 자체도 어려운 경우가 많다. 그리고 현대어로 번역되어 있다고 하더라도 방대한 자료를 검토하기에는 시간적으로 무리가 따른다. 적절한 자료를 찾을 수 있는

---

6 안병갑, 「'사소한 것, 작은 것'들의 관점에서 역사교재 만들어보기(조선시대 생활사를 한 예로)」, 《역사교육》 72, 전국역사교사모임, 2006.

효율적인 방법은 일차적으로 관련 연구 성과의 도움을 받는 것이다. 최근에는 이 책 말미의 참고문헌에서 소개한 바와 같이 '일상'을 매개로 개인의 삶과 시대상을 조망하는 연구가 활발히 진행되고 있고 인터넷으로 검색할 수 있는 사이트도 많이 구축되어 있기 때문에 조금만 관심을 기울인다면 어렵지 않게 요긴한 자료를 구할 수 있을 것이다.

둘째, 생활사 자료 자체의 특성을 이해하고 있어야 한다. 다시 말해, 누가 어떤 이유로 문서를 작성해서 누구에게 주었고, 그 문서는 연관된 사람들 사이에서 어떠한 역할을 하고 영향을 주었는지 등 관련 내용을 파악할 수 있어야 한다. 고문서는 일정한 격식과 투식이 있고 문서의 종류마다 용도와 작성 목적이 다를 수 있기 때문에 이런 부분을 감안하지 않고 곧바로 학습 자료로 활용하게 되면 엉뚱한 역사 해석을 초래할 수도 있다. 이와 관련해서도 고문서에 등장하는 투식을 설명하고 해제를 덧붙인 연구물이 적지 않게 나오고 있으므로 충분한 안내와 도움을 받을 수 있을 것이다.

셋째, 거시적 관점에서 시대 상황 및 시대적 흐름을 숙지하고 있어야 한다. 일상을 통해서 새로운 방식으로 '역사 읽기'를 도모하지만 그것은 동시에 기존 역사학과 상보적 관계를 가지며 역사 해석에 윤기를 더해 주기도 한다. 복식, 행동, 언어 습관 등에 걸쳐 있는 생활사 자료는 그 자체로는 잡동사니와 같이 산발적이고 단편적일 수 있지만 기왕의 연구 성과와 유기적으로 연계해서 사용한다면 역사를 좀 더 풍부하고 생동감 있게 그려 낼 수 있도록 해줄 것이다. 이중환(1690~1756)은 『택리지』에서 노론, 소론, 남인이 날이 갈수록 사이가 나빠져 서로 역적이란 이름으로 모함하고 이 영향이 시골에까지 미치게 되어 하나의 싸움터를 만들었다고 하였다. 그리고 붕당 간에는 서로 혼인을 하지 않고 서로 용납하지 않는 지경에까지 이르렀다고 하였다. 이는 조선 후기 생활의 일면을 보여주면서도, 붕당 정치의 역할과 기능, 대립과 갈등, 변질과 격화 등의 정치사적 맥락을 함께 고려해야만 그 의미가 풍성하게 드러난다. 따라서 사람들의 생활을 미시적으로 고려하면서도 역사의 전체 흐름을 염두에 두면서 서로 연관시키려는 노력이 병행되어야 한다.

3. 탐구문항 만들기

1) 생활사 자료 선정

생활사 자료를 활용하여 관련 문항을 제작하기 위해서는 학습주제를 효과적으로 전달할 수 있는 자료를 선정하는 것이 중요하다. 자료를 선정할 때는 쓰여진 내용을 분석하는 외적 이해와 그 자료가 생성되고 통용되었던 시기의 역사적·사회적 맥락을 고려하면서 접근하는 내적 이해가 수반되어야 한다.

조선시대 양반이라고 하더라도 미암 유희춘처럼 중앙의 고위관직을 지낸 사람의 재지(在地)생활과 가세(家勢)가 기울어 몰락해가던 조병덕의 생활방식은 큰 차이를 보인다. 또한 유배를 당했더라도 관향이자 재지기반인 성주(星州)에서 유배생활을 한 이문건과 재지기반이 없이 공주(公州)에서 유배생활을 한 조익의 경우, 그리고 함경도로 유배를 간 이필익과 제주도로 유배를 간 김정희의 경우에서도 유배자의 처지와 시기, 지역 등에 따라 유배 양상은 차이를 드러낸다.

남성과 여성의 역할이 엄격히 구분되고 문신이 중시되었던 조선사회에서 노상추와 같은 무관의 일기나, 병자호란을 겪은 여인이 남긴 『병자일기(丙子日記)』, 사대부 선비가 손자의 탯줄을 끊어주는 과정에서부터 청년기까지의 육아법을 서술한 『양아록(養兒錄)』은 우리가 알고 있던 조선을 또 다른 시각과 관점에서 다가갈 수 있게 한다.[7] 조선시대 재산의 분할을 문서화한 분재기(分財記)를 통해서는 재산 상속과정의 변화와 제사의 중요성에 대한 인식의 변화를 읽어낼 수 있고, 노비를 사고파는 매매문서나 양인으로 해방시키는 속량문기 등을 통해서는 노비들의 사정과 형편을 조망할 수 있다.

그러나 앞에서 언급한 것처럼 자료에 대한 이해가 선행되지 않는다면 자료로서 설명되

---

7   문숙자, 『68년의 나날들, 조선의 일상사: 무관 노상추의 일기와 조선 후기의 삶』, 너머북스, 2009; 남평 조씨(南平 曹氏) 저, 전형대·박경신 공역, 『병자일기(丙子日記)』, 예전사, 1991; 이문건 저, 이상주 역주, 『養兒錄: 16세기 한 사대부의 체험적 육아일기』, 태학사, 1997; 이문건 저, 김찬웅 엮음, 『선비의 육아일기를 읽다: 단맛 쓴맛 매운맛 더운맛 다 녹인 18년 사랑』, 문학동네, 2008.

는 것은 극히 일부분으로 제한되거나 심지어 전체 역사상을 왜곡시킬 수도 있으니 각별한 주의가 요구된다. 이를 염두에 두고 학습활동에 알맞은 자료를 선정해야 한다.

■예제■ 생활사 자료를 통해 본 조선 후기 노비의 삶

조선 후기에 커다란 사회 문제 중 하나는 노비제도의 폐단이었다. 노비들은 주인의 학대와 비인격적인 처우, 가혹한 노동에 시달렸다. 개선될 줄 모르는 현실에 대해 노비는 도망 등의 방법을 통해 저항하였다. 17세기 이후 농업 생산력의 비약적인 발달, 상공업과 수공업의 진흥, 도시를 비롯한 광산과 포구 등지의 발전으로 새로운 인력이 필요했기 때문에 이러한 사회적·경제적 변화에 부응하여 도망가는 노비가 급격히 증가하였다. 이런 가운데 양반은 자신들의 손과 발이자 중요한 재산이었던 노비가 도망가는 것을 용인할 수 없었다. 새로운 사상으로 각성된 양반들 중에는 노비제의 폐지를 주장하는 이도 있었으나 대부분은 기존의 신분 질서를 옹호하는 입장이었기 때문에 도망친 노비를 잡는 데 열심이었다. 심지어는 도망간 지 수십 년이 지난 노비를 다시 차지하기 위해 애쓰는 경우도 적지 않았다. 양반과 노비가 쫓고 쫓기는 속에서 각자의 역할에 충실해야 한다는 성리학적 명분론과 그에 입각해 성립되었던 신분 질서는 점차 무너지게 되었다. 한편, 신분제가 해체되는 추세에도 불구하고 질병과 굶주림에 가장 취약할 수밖에 없었던 하층민들은 목숨을 이어가기 위해 고육지책으로 스스로 노비가 되는 길을 택하기도 하였다.

다음에서 제시된 일기, 소송, 매매 계약서 등의 자료는 조선 후기 노비의 처지를 구체적으로 잘 반영하고 있어 학습자료로 선정하였다.

다음 자료를 읽어봅시다.

① 3명의 사내종에게는 각각 쌀 5말과 팥 1말씩을 주고 계집종에게는 각기 쌀 3말씩을 주었다.

유희춘, 『미암일기 초』 3, 신미[선조 4, 1571년] 12월 1일

② [아들] 윤겸이 돌아간 뒤 소식을 전하지 않고 또 우리 집에 종이 없어서 소식을 묻지 못하니 그 집의 병든 사람들의 근황이 어떤지 알 수가 없다. …… 또 오늘은 어머님 생신이다. 비록 직접 가서 뵙지 못해도 사람을 보내서 문안하려 했는데 …… 집에 종이 없어서 이것마저 하지 못하니 비록 형편 때문이라고는 하나 자식된 마음에 어찌 슬프지 않겠는가?

오희문, 『쇄미록』 3, 갑오일록, 선조 27년[1594년] 5월 25일

③ 죽은 계집종 앵춘의 자식 비(婢) 막개는 저의 선대의 세전비*인데 저의 증조고모가 남원의 정가에게 출가할 때 그 모녀를 같이 데리고 갔습니다. 그들 모녀는 증조고모의 집에서 같이 살다가 도망하여 사는 곳을 모르고 지난 지가 6, 70년이 지났는데 작년 겨울에야 비로소 막개의 자식들이 광주에 다수 살고 있으며 증조고모의 자손인 남원의 정재승이 이들을 속량하여 주기도 하고, 신공을 거두기도 하고 있다는 말을 들었습니다. 정재승이 저의 세전비인 막개의 자식들을 차지하고 되돌려주지 않으니 밝히 살펴 처결하여 주시옵소서.

*세전비(世傳婢): 대대로 전해 내려오는 계집종

남원현첩보이문성책 2, 정사[영조 13년, 1737년] 정월 26일 보순영[8]

④ 춘단의 어미인 노옥은 이미 김가 집안의 세전비인 순화의 손녀이며 순옥의 딸입니다. 순옥의 지아비 검금이 비록 유가 집안의 사내종이지만 무릇 노비의 자식은 그 어미의 상전이 사역하도록 하는 것이 법입니다.

부안 김씨 우반고문서, 영조 36년[1760년][9]

⑤ 이 증명서를 작성하는 것은 나의 신세가 가련 불행하여 임자년[정조 16, 1792년]에 부모가 염병에 다 죽고 나만 남아 …… 두 해[1814, 1815년]에 걸친 흉년을 당하여 남편 점삼이는 금년 2월에 굶어죽었고, 내가 자식들을 데리고 의지하여 목숨을 보존할 도리가 없사와 어린 것 둘을 데리고 바가지를 들고 마을마다 빌어먹다가 여인의 몸으로 걸식할 데도 없어 굶어죽을 지경이 되었습니다. …… 백 번 애걸하여 3인이 살아날 도리가 막막하여 저 자신 및 자식 7세 아이 윤점, 2세 아이 제심의 3인을 뒤에 태어날 아이와 함께 영영 드리오니 ……

가경 20년 을해[순조 15년, 1815년] 4월 초10일 남생원댁 전 명문[10]

• [　]는 이해를 돕기 위해 필자가 추가함.

---

8 규장각문서번호 25033; 이영훈 편, 『한국지방사자료총서: 보첩편』 2, 여강출판사, 1990, 199~200쪽.
9 한국정신문화연구원, 「부안김씨우반고문서」, 『보장결사』 1, 1983, 26~27쪽.
10 한국고문서학회 엮음, 『조선시대 생활사』, 역사비평사, 1996, 304~306쪽.

2) 문항 만들기

생활사 자료를 활용한 문항 만들기는 역사과 평가 문항의 위계성[11]을 감안하여 사실 확인(1단계), 맥락화(2단계), 의미 도출(3단계)의 세 단계로 설정하였다. 이를 정리하고 단계별로 탐구문항을 예시하면 다음과 같다.

■ 1단계 : 사실 확인
가장 초보적인 단계로 학생들이 본문에서 제시된 정보를 단순히 관찰하고 답하는 수준에서 출제한다.

• 인물 : 이름, 지위, 성별, 생김새
• 공간 : 지명, 장소
• 시간 : 시기, 시대, 연표
• 기타 : 용어, 명칭, 사물의 용도와 기능, 인과 관계의 단선적 이해 등 보이는 대로 파악하기

문항 1. ①에서 사내종은 계집종보다 얼마를 더 받았습니까?

문항 2. ②에서 글쓴이는 무엇 때문에 어머니에게 문안을 드리지 못한다고 했습니까?

문항 3. ③에서 소송인은 막개가 도망하여 사는 곳을 모르고 지낸 지가 몇 년이 되었다고 했습니까?

문항 4. ④에서 노비가 아이를 낳았을 때, 그 노비의 자식에 대해 사역할 수 있는 권리는 법적으로 누구에게 있다고 했습니까?

---

11 오정현, 「역사과 평가 문항의 위계성 연구」, 이화여자대학교 박사논문, 2010.

■ 2단계 : 맥락화

자료의 기본적인 파악을 전제로 약간의 추측과 비교 분석이 가능한 수준으로 출제한
다. 학생들이 정보 자료를 선택적으로 결합해 핵심 주제를 파악하고 역사적·사회적
맥락 속에서 자료를 이해할 수 있도록 응집력 있게 문제를 구성한다.

- 새로 알게 된 사실을 통설에 비추어 대조·대입하며 분석하기
- 신분별 활동 내용을 통해 사회적 위치와 관계, 역할 파악하기

문항 5. 노비는 재산으로 간주되어 거래가 되었는데, ④와 같은 법이 시행된 시기에 일
반적으로 사내종인 노(奴)와 계집종인 비(婢)의 몸값은 어느 쪽이 더 비싸게 매
매되었을까요?

문항 6. 여러분이 ③에 등장하는 도망 노비인 막개라고 했을 때 수십 년 만에 예전 주
인이라고 주장하는 사람이 나타나서 자신의 자식들을 노비로 삼겠다고 한다
면 어떻게 대처했을지 생각해봅시다.

문항 7. ①에서 계집종과 사내종이 받은 월급의 가치로 오늘날에는 대략 어떤 물건을
살 수 있을지 조사해봅시다. (쌀 1말은 현재 쌀 14kg, 쌀 10kg=3만 원, 팥 1말=10
만 원으로 가정해서 환산함)

■ 3단계 : 의미 도출

학생들이 사실 확인과 맥락화를 거친 후 생성된 지식을 바탕으로 종합적인 분석과 의
미 도출이 가능한 수준에서 출제한다. 학생의 독자적 견해 생성, 정보 자료의 비판적
접근과 활용에 대한 인식 능력이 배양될 수 있도록 문제를 구성한다.

- 사실을 종합적으로 분석하고 인과관계를 통해 상황 재구성하기

• 사회현상의 지속과 변화의 모습, 자료가 생성된 의도와 시각 파악하기

문항 8. 1801년은 순조의 명에 의해 공노비가 해방된 시기였습니다. 그럼에도 불구하고 1815년에 ⑤에서와 같이 세 모녀가 영원히 주인의 노비가 되겠다고 맹세하며 계약서를 작성할 수밖에 없었던 사회·경제적 배경을 ⑤의 내용을 참고하여 서술해봅시다.

문항 9. ①~⑤를 읽은 뒤에 노비의 사회적 역할과 신분적 처지를 '조선 시대 노비의 일생'이라는 제목으로 300자 이내로 서술해봅시다.

문항 10. 다음 글은 조선 후기 서얼 출신 관료 성대중(1732~1809)이 쓴 『청성잡기』의 일부분입니다. 이 글에서 '노비 불상'에 대한 노비들의 태도를 염두에 두면서 1894년 신분제가 완전히 폐지되기까지 하층민들은 어떠한 노력을 기울였는지 찾아봅시다.

혜화문(惠化門) 밖의 냇가 동쪽에 석벽이 있었다. …… 벽면에 불상 하나가 조각되어 있는데, 사람들이 그것을 '노비 부처[奴佛]'라 부르고 그 시내를 '불천(佛川)'이라 이름 지었다. 도성 동쪽의 나무하는 노비들이 날마다 그 밑에 모여들어 올려다보며 욕하기를, "우리를 남의 종으로 만든 놈이 이 불상이다. 불상이 무슨 면목으로 우리를 쳐다본단 말인가"하면서 낫을 추켜들어 눈을 파내니 불상의 두 눈이 모두 움푹 파였다. 혹사당한 원한이 마침내 불상에게까지 옮겨 갔으니 두려워하지 않을 수 있겠는가. 또 그들의 속담에 "이 불상이 없어지면 노비 역시 없어진다" 하였는데, 노비를 없애는 것은 그래도 가능하지만 석불은 누가 없애겠는가. 내가 젊었을 때는 그래도 불상이 높이 솟아 있고 그 발밑에 냇물이 흐르는 것을 보았다. 그런데 매년 장마가 져서 산이 깎이고 하천이 메워져 수십 년 사이에 모래가 그 처마까지 쌓이는 통에 불상의 몸체가 전부 파묻혀 제거할 수가 없게 되었으니, 속담대로 과연 이 불상이 없어진 것이다.

유제 다음은 19세기를 살았던 조병덕이라는 인물이 보낸 편지입니다. 자료를 읽어봅시다.[12]

①-1 우리 집은 시골로 내려온 이후 집앞 메마른 밭을 갈아 다음해 양식을 마련했다. 땅 갈고 씨 뿌릴 때 와서 일하는 마을 사람이 많을 때는 거의 백여 명이나 되었다. (1819년)

①-2 우리 집 고조부 정헌공*의 후손을 두고 볼 때, 할아버지, 아들, 손자 3대에서 유학*이라는 명칭을 면하지 못한 자는 오직 너희 형제뿐이다. …… 우리 삼부자가 까닭 없이 과거를 그만두어 마치 폐족(廢族)이나 폐인(廢人)처럼 된 것 또한 …… (1843년 2월 12일)

　* 정헌공: 조병덕의 고조부 조영진(1703~1775)으로 문과급제 후 형조판서를 역임하여 사후에 정헌이라는 시호를 추증받음

　* 유학(幼學): 관직에 아직 오르지 않았거나 과거를 준비하며 학교에 재학 중인 유생(儒生)

② 작은 아버님 병환이 그렇게 위중하다니 즉시 상경해야겠지만 수중에 동전 한 푼 없으며 도보로 가려 해도 노자 한 푼 마련하기가 힘드니 세상에 어찌 이렇게 옹색한 일이 있느냐? 우현(牛峴) 앞 논 서너 마지기를 흥록을 시켜 팔려 한 지가 수십 일이 되었는데 여태 응하는 자가 없다. …… 아마 세갑이나 업동이 같은 상놈들이 양반이 돈을 빌려 달라고 하는 것을 꺼려 자기들이 돈을 가진 것을 숨기기 때문일 것이다. …… 형편상 부득이 소를 내다 팔려고 하나 소 값이 20냥도 되지 않으니 당장 시급히 쓸 돈과 노자*를 장차 어떻게 마련해야 하느냐. (1848년 10월 23일)

　*노자: 먼 길을 가고 오고 하는 데 드는 돈

③ 농사짓는 것도 전과 같지 못하여 설을 쇠기 전까지는 근근이나마 연명은 했으나 이제는 이것도 어려우니 30명 가까운 식구가 굶어 죽을까봐 걱정입니다. …… 큰댁은 명색이 수령의 집인데도 겨우 먹고사니 저 같은 사람이야 무엇으로 지탱하겠습니까? (1851년 9월 9일)

④ 나는 1854년 이후로 양식이 떨어지고 양식 살 돈이 없으면 전적으로 양식을 빌려 먹는데, 그 양이 금년에는 작년보다 많고, 작년에는 재작년보다 많고, 재작년에는 삼작년보다 많다. 금년에는 꼭 20여 섬이 되고도 오히려 모자랄까 걱정이니, 내년 사정 또한 알 수 있다. …… 양식이 이미 이러하니 다른 일은 오히려 무슨 말을 하겠느냐. …… 명희[장남]가 과거 보러 간다고 하면, 또 30, 40냥이 들 것이니 이것을 장차 어떻게 하면 좋으냐? (1859년 무렵)

⑤ 이자우[제자]에게 꾼 벼 예닐곱 석으로 근근이 연명하는데 이것도 오늘내일 끊어지려 한다. 남원[남원부사를 지낸 조카 조봉희]이 보낸 돈 중 서너 냥으로 장시에서 피보리를 살 계획이지만 이것도 몹시 어렵다고 한다. (1859년 7월 9일)

---

12 유제의 예문은 하영휘, 『양반의 사생활』, 푸른역사, 2008에 의거해 작성함. 참고한 페이지는 다음과 같음.
　①-1: 141쪽, ①-2: 260쪽, ②: 275쪽, ③: 277쪽, ④: 63~64쪽, ⑤: 280쪽, ⑥: 305쪽, ⑦: 23쪽.

⑥ 나는 어제 산소 14위와 사당 3곳의 가을 제사를 아침부터 저녁까지 단지 네 형과 둘이서 지냈다. (1863년 8월 16일)

⑦ 원납전 문제는 어제 임사윤 군과 네 형이 함께 마을 40호를 5등으로 나누었다. 김석이, 최달팔, 서업동에게 각각 1냥 5전씩 분배하여 1등으로 삼고, 그 나머지 호에는 5전에서 1전까지 분배하여 합계 11냥 남짓으로 겨우 맞추었다. …… 어제 또 관리가 평민들에게 걷을 원납전을 재차 적어왔는데 마을 상놈들은 한 푼에도 얼굴을 찡그리니 …… 거두기가 끝내 쉽지 않을 것 같다. 보리 양식도 이미 떨어지고 아침저녁을 굶는 사람이 많기 때문이다. …… 지금 돈 한 푼 변통하기가 하늘의 별따기인데 몹시 걱정스럽다. 밥솥을 팔아서라도 원납전을 내지 않을 수 없으니 무슨 수가 있겠느냐? (1865년 6월 26일)

• [   ]는 이해를 돕기 위해 필자가 추가함.

■ 1단계 : 사실 확인

문항 1.   위의 편지를 쓴 인물의 신분은 무엇일까요?

① 국왕   ② 관리   ③ 양반   ④ 상민   ⑤ 노비

문항 2.   글쓴이가 경제적으로 몇 년에 걸쳐 몰락하고 있는 암담한 상황을 보여주는 부분은 몇 번일까요? ①~⑦ 중에서 고르세요.

문항 3.   ②의 자료에서 글쓴이는 여행 경비를 마련하기 위해 어떻게 하려고 합니까?

문항 4.   글쓴이는 ④에서와 같이 경제적으로 어려운 처지를 어떤 방법을 통해서 보충하고 있습니까? ⑤에서 그 방법을 찾아보세요.

■ 2단계 : 맥락화

문항 5.   ③의 밑줄 친 부분처럼 농사가 점점 어려워지는 이유를 ②의 내용을 근거로 추론하여 서술해봅시다.

문항 6.   조병덕의 경우 출세한 친척이나 제자의 도움을 받고 있음을 알 수 있습니다. 그런 도움을 받을 수 없는 몰락양반이라면 어떻게 경제문제를 해결했을지 생

각해봅시다.

문항 7. ⑥의 제사 장면을 통해 경제적 곤란으로 인한 조병덕 집안의 생활 변화를 엿볼 수 있습니다. 어떠한 변화가 생겼을지 "식구"와 "제사"라는 단어가 들어가도록 하여 유추해봅시다.

문항 8. ⑦을 통해 당시의 시대 상황을 추측할 수 있습니다. 편지의 발신년도를 참고하여 각각에 해당하는 역사적 사실을 찾아 다음에 제시된 괄호 안을 채워보세요.

> 대원군이 (   )을 다시 지으면서 필요한 비용을 (   )이라고 하여 백성에게 거둠.

■ 3단계 : 의미 도출

문항 9. 글쓴이의 상민(평민)에 대한 인상을 경제적 상황과 관련하여 찾아보고, 이에 기반해서 19세기 신분제와 사회 모습을 경제력의 유무와 관련하여 "신분"과 "경제"라는 단어가 들어간 문장으로 설명해봅시다.

문항 10. 다음 글은 조선 후기 실학자 유수원(1694~1755)이 『우서』에서 양반 문벌가문의 폐단에 대해 비판한 글입니다. 이를 참고하여 여러분이 만약 몰락 양반 조병덕의 아들이라면 가문을 살리기 위해 선택할 수 있는 방법으로 어떤 것이 있을지 생각해봅시다.

> 아 비록 이름난 학자와 재상의 자손이라도 몇 대를 벼슬하지 못하면 중간에 미천해졌다고 하여 고위관직에 올리지 않고, 시골의 몰락한 양반의 자손이라도 부자가 되어 명문가와 결혼하게 되면 즉시 양반이 되어 비록 욕심이 많고 행실이 나쁘며 상관의 종기를 빨아주고 치질을 핥아주는 유치한 자라도 높은 관리가 된다. 그런 다음 그들의 자손은 한없이 덕을 본다.

　조선의 신분제는 성리학적 이념에 바탕을 두고 국가와 사회 체제의 안정적인 유지·운영을 담보하는 근간으로서 중시되었다. 그러나 양란(兩亂) 이후의 사회경제적 변동은 신분 이동과 신분 내 계층 분화를 촉진하였고, 신분 질서의 동요로 이어지게 되었다. 양반층은 치자(治者)로서의 권위를 상실해갔으며, 평민이나 천민 중에는 양반의 위세에 도전하고 봉건적 지배 질서를 부정하는 자들이 점차 늘어났다. 신분 질서의 변화는 농민의 내재적 성장 등으로 인한 봉건제의 붕괴 과정을 드러내는 동시에, 이와 같은 현실에 직면한 지배층의 대응 속에서 나타난 사회 정책의 소산이었다.

　종래 양반들의 경제력은 노비와 토지에 있었다. 그러나 조선 후기에 이르러 도망 노비의 급증과 속량 등에 따라 노비 수가 크게 줄었다. 재물과 이익에 밝은 노비 중에는 양반의 경제력을 능가하는 경우도 생겨나고 있었다. 가난한 양반 중에는 생존을 위해 관아의 곡식을 빌려먹기도 했고, 소와 땅을 판 뒤에는 품을 파는 일도 마다할 수 없었다. 궁핍한 살림살이를 모면하기 위해 부유한 상민과 혼인하는 사례도 점차 늘어났다. 이러한 신분제의 동요와 양반의 자기 도태로 인해 전통적으로 향촌 사회를 지배하였던 양반의 권위는 크게 약화되었다.

　경제력이 중시된 사회 분위기 속에서 몰락 양반은 더 이상 지배층으로 군림하기 어려웠다. [유제]에서 다룬 조병덕의 편지는 전근대에서 근대로 전환되는 19세기 상황에서 몰락 양반의 일상과 심정을 잘 보여준다. 이를 통해서 우리는 양반을 정점으로 하는 신분제가 점차 힘을 잃어가고 있으며, 경제력을 가진 하층민이 사회적으로 성장하였음을 알 수 있다. 이런 가운데 19세기는 상전과 노비가 계[奴主契]를 만들어 노비가 도망가는 것을 억제하고, 노비의 안정적 생활을 도모하는 경우도 있었으나, 역사적 추세는 노비 해방과 신분제 폐지의 길로 나아가고 있었다.

예제

1. 쌀 2말과 팥 1말

2. 집에 종이 없어서 어머니께 문안을 드리지 못한다고 했다.

3. 60~70년

4. 노비의 자식은 그 어미의 상전에게 소유권이 부여되었다.

5. 일반적으로 노비의 몸값은 사내종인 노(奴)보다는 계집종인 비(婢)가 더 비싸게 거래되었다. 노비의 자녀는 그 어미의 주인이 소유할 수 있도록 하는 노비종모법을 적용하게 되면 노비가 자식을 낳으면 낳을수록 그 비(婢)의 소유주는 재산을 더 많이 늘릴 수 있었기 때문이다.

6. 옛 주인을 맞닥뜨리게 되면, 다시 도망을 갈 것이다. 또는 옛 주인에게 돈을 주고 노비 신분에서 벗어나겠다. 관청에 소송을 제기하는 방법도 있다.

7. 계집종과 사내종이 받은 쌀을 오늘날의 도량형으로 환산하면 각각 42kg, 70kg 정도이다. 쌀 10kg을 3만 원이라고 하면 계집종은 12만 6천 원을 월급으로 받은 셈이다. 사내종은 쌀 70kg의 가격인 21만 원에다가 10만 원에 상당하는 팥 1말을 더 받았으므로 31만 원을 월급으로 받았다고 할 수 있다. 통상 노비의 월급은 노동력에 따라서 여자보다 남자가, 그리고 노인보다는 젊은이가 더 많이 받았다. 오늘날 위의 돈으로 살 수 있는 물건에 대해서는 각자 조사해보도록 한다.

8. 질병으로 부모님이 돌아가시고 흉년으로 남편이 굶어 죽은 상황에서 어린 자식을 거느리고 의지하여 목숨을 보존할 도리가 없었기 때문에 스스로 노비가 되는 길을 택했을 것이다.

9. 조선시대 신분제 사회에서 노비는 가장 천한 존재였다. 노비는 힘든 노동에 대한 대가로 약간의 보수를 받아 생활하면서 양반의 손과 발이 되어 고단한 삶을 이어나갔다. 사람으로 태어났으나 중요한 재산으로 간주되었고, 소와 말처럼 매매의 대상이었다. 자연 재해나 흉년을 당한 때에는 목숨을 부지하기 위해 자신과 자식을 주인에게 파는 경우도 있었다. 신분제가 폐지되기 전까지 노비로 태어난 자는 노비로

일생을 마감해야 했다.

10. 조선 후기에 노비제가 소멸의 길을 걷게 된 데에는 노비의 저항과 신분 상승 노력이 중요하게 작용하였다. 몇몇 부유한 노비들은 면천(免賤)의 방법을 통해 신분을 상승하였으나, 대다수 노비들은 도망이라는 길을 택하여 신분의 굴레에서 벗어나고자 했다. 노비를 포함한 하층민들은 특히 19세기에 진행된 각종 민란에 적극 참여함으로써 지배층에 대항하고 신분제를 타파해 나갔다.

유제

1. ③

2. ④

3. 논(땅)을 팔거나 소를 팔려고 한다.

4. 제자에게 빌리거나 조카가 보내 준 돈을 받아 씀.

5. 여행 경비나 과거 응시 비용 등을 마련하기 위해 논을 팔거나 소를 팔았기 때문에 생산 규모가 점차 줄어들게 되었다.

6. 평민이나 노비와 다를 바 없이 다른 사람의 농지를 빌려 경작하기도 하고 상업 활동에 종사하거나 농촌을 떠나 도시로 가서 임노동자로 일하면서 경제문제를 해결했을 것이다.

7. 집안 형편이 어려워지면서 30명에 가깝던 식구가 뿔뿔이 흩어지고, 가을 제사가 되어도 집안사람들이 거의 모이지 못하였다.

8. 경복궁, 원납전

9. 글쓴이는 자신이 내놓은 논이 팔리지 않은 이유에 대해 "상놈들이 양반이 돈을 빌려 달라고 하는 것을 꺼려 자기들이 돈을 가진 것을 숨기기 때문"이라고 하거나, 원납전 징수 과정에서 "마을 상놈들은 한 푼에도 얼굴을 찡그리니"라고 하는 등 부유한 상민에 대해 적대적으로 표현하고 부정적으로 평가하고 있다. 양반이 상민에게 돈을 빌리고, 부유한 상민이 향촌사회에서 행세하는 현실 등을 통해 조선 후기 사회는 양반으로서의 신분적 권위가 퇴색하고 경제적 처지가 상대적으로 중시되었음

을 알 수 있다. 이는 양반이라는 신분만으로 더 이상 지배층으로 군림하기 어려운 사회 현실을 보여주는 것이다.

10. 벼슬을 하기 위해 노력한다.

경제 활동에 치중하여 부자가 되기에 힘쓴다.

명문가와 결혼할 수 있는 여러 방법들을 모색한다.

2 신 문 기사

박지원

1. 근현대사 연구의 중추, 신문

모바일이나 SNS를 통해 최신 뉴스를 실시간으로 알 수 있는 지금으로서는 상상하기 어렵겠지만, 불과 몇 년 전까지만 하더라도 국내외 소식을 가장 쉽고 빠르고 정확하게 접할 수 있는 통로는 종이 형태로 발행된 신문이었다. 새(新) 소식(聞)이라는 말 그대로 신문은 사람들에게 정기적으로 정치·경제·사회·문화 분야를 망라하는 다양한 소식을 신속하게 보도하는 것을 본분으로 하고 있다. 사설이나 논평을 통해 당대의 주요 사안을 쟁점화하고 여론을 형성하는 것 또한 신문의 중요한 역할이었다. 신문은 전 세계적으로 가장 오랜 역사와 전통을 지닌 언론매체의 대표이자 영향력 있는 사회적 제도이며 문화적 현상이었던 것이다.

우리나라에서 근대적 형태의 신문이 등장하기 전에는 《조보(朝報)》가 조선왕조의 통치상 실무적·사상적 보조수단으로 기능하며 500년 동안 발행되었다. 하지만 근대적 정치·사회 의식이 성장하면서 국가 정책을 설명하고 대중을 설득하는 데 유용한 수단으로 신문의 간행을 요구하는 목소리가 높아졌다. 이에 부응하여 1883년 조선 정부는 최초의 근대 신문 《한성순보》를 관보 형식으로 발간하였고, 1896년에는 독립협회가 정부의 지원을

《한성순보》(국립중앙박물관 소장)　　　《독립신문》(국립중앙박물관 소장)　　　《황성신문》(서울대학교 중앙도서관 소장)

받아 한글판과 영문판 《독립신문》을 간행하였다. 《독립신문》이 그 발간 취지로 "빈부귀천에 구별 없이 신문을 보고 외국 물정과 내지 사정을 알게 하려는 뜻"을 내세운 것에서 알 수 있듯이, 당시 신문은 사람들에게 외국의 제도와 문물을 소개하고 시국을 널리 알리기 위한 것이었다. 러일전쟁 이후에는 《대한매일신보》와 《황성신문》 등이 중심이 되어 개화 사상을 보급하고 애국계몽사상을 고취하며 지식을 대중화하는 데 기여하였다. 강제병합 이후 조선총독부는 기관지인 《매일신보》를 제외한 나머지 신문을 폐간시켰으나 1920년대 문화통치라는 명목 아래 신문 발행을 허용하여 《동아일보》나 《조선일보》 등의 신문은 1940년대 초까지 존속하였다. 광복 이후에는 수십 개의 신문이 창간되거나 복간되었고, 부침을 거듭하는 가운데 현재에는 미디어 산업의 선도자로 성장하였다.

　신문이 등장한 초기에는 신문을 구독할 수 있는 경제적 능력과 문자 해독 능력을 갖춘 사람들로 독자층이 제한되어 있어서 그 영향력은 한정적이었다. 이런 여건 속에서도 문자를 아는 이가 사람들을 모아 놓고 신문을 소리 내어 읽어주거나 한 신문을 수십 명 이상이 돌려 읽으면서 신문은 점차 보급되었다. 신문사들은 광고를 싣고 경품을 제공하면서 독자를 확보해나갔으며, 독자들도 투고를 통해 신문 지면에 적극 참여하였다. 기사에 제목을 달거나, 사진·만화·연재소설을 싣고, 한문에 한글을 병기하는 등 편집 면에서도

"소련은 신탁통치 주장, 소련의 구실은 38선 분할 점령, 미국은 즉시 독립 주장"(《동아일보》 1945년 12월 27일자 기사)

발전을 거듭하였다. 이런 과정을 거쳐서 신문의 보급률이 높아지는 한편 신문의 사회적 영향력도 점차 커졌다.

신문 보도가 여론에 미친 영향력의 정도를 단적으로 보여주는 사례가 바로 《동아일보》의 신탁통치 왜곡 보도 기사이다. 1945년 12월 27일자 1면을 장식한 이 기사는 모스크바 3국 외상회의의 결과를 전해주는 것이었다. 그런데 소련이 신탁통치를, 미국이 즉시 독립을 주장했다는 보도 내용이 사실과 달랐을 뿐만 아니라, 내용의 배치상 회의의 결정사항 가운데 신탁통치 실시만을 부각시키는 결과를 초래했다.[1] 이 보도는 단순한 오보로 끝나지 않았다. 이제 막 일제의 지배에서 벗어난 우리 국민을 크게 자극하여 신탁통치 반대

---

1 모스크바 회의에서 미·소·영 모두 신탁통치에 찬성하였다. 소련은 단순 신탁통치에 조선 민주정부 수립, 정당 및 사회단체 참가 등의 주장을 첨가했던 반면, 미국은 정부 수립이나 즉시 독립에 대해 언급하지 않았던 것으로 보인다. 또 소련이 38선 분할 점령을 통해 북한의 자원을 공급받으려고는 했지만, 모스크바 3국 외상회의에서 분할 점령은 논외였다. 이상은 보도 내용과는 확연히 다른 것이었다. 한편, 모스크바 3국 외상회의에서는 잠정적인 신탁통치 실시뿐만 아니라, 임시정부를 수립하는 문제와 이를 지원하기 위한 미소공동위원회의 설치도 논의되었다.

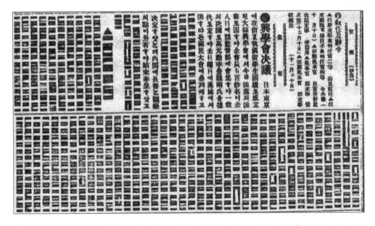

벽돌신문이란 한말에 활자를 뒤집어엎어 검은 벽돌을 쌓은 모양의 지면을 일컫는다. 조판을 끝내고 인쇄 직전 검열에 걸린 기사를 삭제했기 때문이다. 러일전쟁 후 일본 헌병대는 《한국신문》에 사전검열을 실시하여 마음에 들지 않는 기사를 깎아내도록 명령했다. (정진석, 「제국의 황혼 '100년 전 우리는'」,《조선일보》 2009년 11월 24일자 기사)

운동이 격렬하게 일어나는 계기가 되었던 것이다. 동아일보는 이 기사를 보도한 후 2년 동안 모두 238개의 반탁 기사를 실어 여론을 주도하였고, 이 과정에서 반탁 운동은 반공 이데올로기와 결합하면서 우리 현대사의 전개에 커다란 영향을 미쳤다.

신문의 영향력이 이처럼 대단했기 때문에 신문 지면을 통해 국정을 홍보하거나 보도 내용을 통제하려는 노력 또한 지속되었다. 1884년 1월 30일자 《한성순보》 10호는 청나라 병사가 종로 광통교 옆의 약방에서 약방 주인 아들을 총으로 죽이고 주인을 다치게 했다고 보도했다. 이 기사가 나고 두 달 후 청은 공식적으로 항의서를 보냈고, 결국 기사의 작성자로 지목된 일본인 논설위원은 해고되었다. 청이 조선을 사이에 놓고 일본과 세력 다툼을 벌이고 있었던 시대적 상황이었기에 기사 하나에도 이렇게 민감하게 반응했던 것이다. 《황성신문》이 장지연의 논설 「시일야방성대곡」을 실은 후 정간을 당하고, 그 후 항일 언론의 전면에 부상한 《대한매일신보》와 발행인 베델도 지속적으로 탄압받은 일은 당대의 권력자에 의해 언론이 통제되었음을 보여주는 대표적인 예이다. 하지만 이런 언론 탄압 속에서도 신문은 정간이나 폐간의 위험을 무릅쓰고 식민 통치에 저항하는 기사를 내기도 했다. 《조선중앙일보》와 《동아일보》가 손기정 선수의 시상식 사진에서 가슴의 일장기를 지웠던 이유는 바로 한국인이면서도 일본 국적으로 살아가야 했던 민족의 아픔을 표현하고 싶었기 때문이었다.

신문은 그 자체로도 연구할 가치가 있지만, 사료(史料)로서도 상당히 의미가 있다. 늘 새로운 것을 말하고자 하는 신문일지라도 발행되는 순간 새로운 것이 아니라 이미 지나간 것, 즉 과거에 대한 이야기가 되기 때문이다. 일제강점기에는 국가 차원에서 당대의 사건을 기록하고 관리하는 전통이 단절되었기 때문에 우리나라 근현대사 연구에서 신문이 지닌 사료로서의 의미는 더욱 각별하다. 우리나라는 주지하다시피 국가적 차원에서 기록을 세밀하게 남기는 전통이 있다. 조선의 경우 국정 전반에 걸쳐 매일매일의 경과를 날짜순으로 기록하여 『승정원일기』로 남겼다. 선대왕의 역사를 후세에 길이 남기기 위해 중요한 사건을 선별하여 『실록』으로 편찬하기도 하였다. 1910년 국권을 일본에게 빼앗긴 이후 공식 기록의 주체는 조선총독부로 넘어갔다. 그런데 조선총독부 산하의 기관에서 발간한 각종 문서 중에는 매일의 일상을 보여주는 공식 기록물이 없으며, 그나마 있는 자료들도 일제의 조선 통치를 정당화하거나 원활하게 하려는 목적성이 강한 것이었다. 이러한 상황에서 많은 근현대사 연구자들은 역사적 사실의 원천으로 당대에 정기적으로 간행되었던 신문을 활용한다.

근현대사 연구에서 신문이 절대적인 비중을 차지하는 만큼, 근현대사 학습에서도 신문기사 활용이 중요함을 누구나 인정한다. 그럼에도 신문이 역사수업에서 활발하게 다루어지지는 않고 있다. 학교에서 신문은 대체로 사료학습이 아닌 NIE 교육의 일환으로 다뤄지는 실정이다. 따라서 현장 교사들은 신문기사를 사료로 적극적으로 활용할 필요가 있다. 이 꼭지에서는 사료로서 신문기사를 활용할 방안을 찾아보기로 한다.

2. 신문기사 활용하기

신문은 보도자료, 사설, 칼럼, 외신 등 다양한 기사로 구성된다. 기사의 성격에 따라 차이는 있지만 대체로 기사에는 사실과 의견이 모두 반영되어 있으므로, 역사적 사실과 의견을 구별하는 기초적인 사료비판 연습에 적합하다. 또 논조가 상이한 신문을 선택하여 동일한 시기 동일한 사건에 대해 어떻게 다르게 보도했는지 확인하면서 역사적 사건의 배경과 관점을 이해할 수 있다. 나아가 이러한 관점의 차이가 발생한 이유를 추적하고 다양한 역사적 해석을 접하면 나름대로 설득력 있는 역사상을 만들어내는 능력을 배양할 수 있을 것이다. 근현대사를 학습할 때 신문기사를 쉽고 적절하게 활용하기 위해서 고려해야 할 점들을 다음에서 살펴보기로 한다.

첫째, 신문 자료를 어디에서 구할 수 있는가? 신문이 역사학습에서 활용되기 어려웠던 이유 중 하나는 적절한 신문 자료를 구하는 것이 쉽지 않다고 생각하기 때문이다. 다행히 최근 들어 인터넷으로 주요 신문기사들을 손쉽게 검색할 수 있다. 기사 색인이 있는 경우에는 동일한 주제의 기사를 걸러낼 수 있고, 타임테이블 서비스가 제공되는 경우에는 같은 일자에 간행된 여러 신문의 기사를 교차 비교할 수도 있다. 그 밖에 시중에 나와 있는 기사 선집이나 색인집도 참조할 수 있다. 신문의 발행 시기에 따라 한문이나 일본어 독해가 필요한 경우도 있는데, 언어의 장벽을 넘기 힘들다면 기사의 원문을 현대어로 적절하게 가공한 선집을 보는 것이 효율적이다. 신문기사를 수집할 수 있는 유용한 인터넷 사이트와 단행본은 책 말미에 정리하여 제시하였다.

둘째, 신문을 읽는 방법에 대한 지식이 있는가? 근대 신문은 당대의 언어를 사용하고 그 분위기를 반영하고 있다는 점에서 역사성을 지닌다. 따라서 신문을 사료로 활용할 때는 표현이나 소통 방식 등에 유의하면서 시대적 맥락과 결을 따라 세밀하게 읽어낼 수 있는 능력이 필요하다. 이를 위한 첫 단계는 신문의 커뮤니케이션 방식을 이해하는 것이다. 커뮤니케이션을 메시지(즉, 정보)의 전달로 볼 경우, 신문의 커뮤니케이션은 ① 기자(communicator)가 자기의 사상이나 아이디어를 ② 메시지(message)로 만들고, ③ 매체(channel)를 통해 독자를 자극하면, ④ 독자(receiver)는 이를 해독하여, ⑤ 효과(effect, 기자의 자극에 대한 반응)가 나타나는 과정이다. 그리고 이러한 커뮤니케이션은 진공 상태가 아닌 주어진 상황에서 일어나므로 ⑥ 상황(setting/context)도 중요하게 고려되어야 한다.[2] 이 신문 커뮤니케이션 모형에 입각하여 다음과 같은 질문에 대한 나름의 답을 찾아나간

---

2 車培根, 「커뮤니케이션 模型들에 대한 比較分析的 小考」, 《언론정보연구》 12, 1975.

다면 당시의 맥락 속에서 신문을 역사적으로 읽는 것이 가능해질 것이다.

① 누가 어떤 조직, 기관에 의해 어떤 목적을 가지고 신문을 발간했는가? (통제 분석)

② 어떤 내용의 뉴스를 어떻게 수집, 처리했는가? (내용 분석)

③ 어떤 보급 또는 배부망을 통했는가? (매체 분석)

④ 어떠한 독자들에게 전달되었는가? (독자 분석)

⑤ 그들 또는 사회에 어떠한 영향을 미쳤는가? (효과 분석)

⑥ 이와 같은 신문 현상은 어떠한 상황 속에서 이루어졌는가? (상황 분석)

최근에는 신문의 사회사적 성격에 주목한 연구들이 나오고 있어 이와 같은 분야의 지식을 얻는 데 유용하다.

셋째, 기사에서 다루고 있는 역사적 사건이나 상황에 대한 배경지식을 갖추고 이를 둘러싼 다양한 관점을 이해하고 있는가? 신문기사 속에는 사실이 명백하게 나타나 있기도 하지만, 어떤 경우에는 기사의 내용을 바탕으로 사실을 의도적으로 끄집어내야 하기도 하다. 신문은 중립성을 표방하는 한편 논설(사설)을 통해 의견을 표면화시키기도 하고, 사실을 선택하고 배제하는 방식으로 독자가 현실을 인식하는 데에 영향을 끼치기도 한다. 또 정보가 부족해 의도하지 않게 사실이 왜곡된 경우도 있다. 그렇기 때문에 신문기사의 신뢰도를 높이기 위해서는 기사가 어떤 면에서 치우쳐 있는지, 기사 중에서 사실은 무엇이고 의견은 무엇인지, 기사에서 추출한 내용을 바탕으로 어떤 결론을 도출할 수 있을지 등을 우선 잘 판단해야 한다. 신문기사가 다루는 주제에 대해 기본 지식이 있으면 누락되어 있거나 반대로 지나치게 과장한 부분을 가려낼 수 있다. 역사적 사건이나 상황의 배후에 대한 이해는 이와 같은 편견을 인식하는 데 도움을 줄 뿐 아니라 그 편견 또한 역사적 사실로 활용할 수 있도록 도와준다.

3. 탐구문항 만들기

1) 신문기사 선정

신문기사를 역사학습에 활용하고자 할 때 가장 먼저 직면하게 되는 문제는 기사 선정이다. 역사교육의 내용은 역사적 의미(significance)를 부여하는 방식에 따라 선정된다.[3] 역사적으로 중요한 사건이 무엇인지에 대한 견해는 사람마다 다를 수 있지만 교육과정에 포함된 내용에 대해서는 사회적 합의가 어느 정도 이루어졌다고 볼 수 있으므로 교육과정은 중요한 기준이 될 것이다. 또 교육과정에 포함되어 있지는 않지만 과거 사람들이 중요하다고 인식하거나, 현재의 입장에서 중요하다고 판단되는 여러 주제들이 있을 수 있다. 이러한 여러 기준들을 고려하여 학습 주제를 선정했다면, 이제는 그 주제와 관련된 헤아릴 수도 없이 많은 기사 가운데 어떤 것을 선정해야 하는가의 문제가 남는다. 비슷한 시기에 발행된 수많은 기사 가운데서 어떤 것을 고를 것인가?

내용 면에서 사건, 인물, 논점 등의 학습대상을 잘 설명해주는 기사를 찾는 가장 효율적인 방법은 아무래도 신문을 활용한 역사 연구물을 참조하는 것이다. 관련 기사를 모두 검토할 수는 없기 때문에 해당 분야에 대한 기존의 논문은 훌륭한 안내서가 된다. 다만 연구서나 논문을 통해 신문기사를 접하면 기사가 원래 속해 있었던 연구의 논지 안에 갇힐 수 있다. 연구의 논지를 숙지하되, 같은 자료를 다른 방식으로도 활용할 수 있음을 염두에 두자.

유사한 내용을 담고 있는 기사 중에서도 기사의 성격에 따라 다르게 선정할 수 있다. 혹자는 주요 사건의 전후 사정을 가능한 한 중립적 입장에서 보여주는 기사야말로 역사학습 대상으로 가장 적합하다고 생각할 것이다. 반대로, 신문기사의 주관성을 인정하는 경우에는 관점이 분명히 드러나는 사설이나 기사를 선정할 수도 있다. 따라서 기사를 선정하는 과정에서 해당 기사를 어떤 의도와 방식으로 활용할 것인지 함께 생각하지 않으면 안 된다.

---

3 정선영 외, 『역사교육의 이해』, 삼지원, 2001, 120쪽.

두 개 이상의 기사를 선정할 경우에는 다음의 기준을 따른다.

① **같은 사건을 다루지만 발표된 시점이 다른** 기사: 시간의 경과에 따른 **사건의 추이 파악**

② **같은 시기에 게재되었으나 관점이 상이한** 기사: 기사에 포함된 **관점 비교**

예제 암태도 소작쟁의에 대한 보도기사

암태도 소작쟁의가 전국적으로 알려지게 된 것은 각 신문에서 그 경과를 상세하게 보도했기 때문이다. 예제에 제시된 기사는 《동아일보》, 《조선일보》, 《매일신보》에서 발췌한 보도기사로, 암태도 소작쟁의의 흐름을 파악하는 데 용이하다. 다만 신문에 따라 이를 다루는 비중이나 논조에는 차이가 있다. 《조선일보》가 이 운동의 확산에 가장 적극적이었고 《동아일보》도 이를 상당히 비중 있게 다루었다. 《매일신보》는 《동아일보》나 《조선일보》에 비해 관련 기사가 적으며 일본의 치안 활동을 부각시키고 있다. 문제를 통해서 암태도 소작쟁의를 1920년대의 대표적인 소작운동으로 인식하고, 신문을 운영하는 주체에 따라 보도내용에 차이가 있을 수 있음을 이해할 수 있게 했다.

다음 자료를 읽고 물음에 답해봅시다.

(가) 동아일보 1923년 12월 11일자

암태 소작인회 지주 대항책 결의

전남 무안군 암태면에서는 종래 악(惡) 지주의 남폭* 행위에 대하여 일반 소작인의 원성이 하늘을 찔렀다. 올해에는 소작료를 더욱 무리하게 남집*하므로 소작인 일동이 분연히 궐기했다. 이들은 남폭 행위를 방어할 목적으로 지난 2일에 동 면 공립 보통학교 안에서 소작인회 발기회를 소집하였다. 발기인이 백여 명에 달했다. ……

결의 사항

일. 금년 소작료는 답 4할 전 3할로 할 것. 위 소작료에 응하지 않은 지주가 있을 때에는 본 회원 일동이 그 지주가 각성할 때까지 소작료를 납부하지 않을 것

* 남폭(濫暴): 지나치게 탐욕스럽고 난폭함
* 남집(濫執): 넘치게 거둠

(나) 조선일보 1924년 4월 12일자

쌍방고소의 암태사건

검사국에서는 화해하라고 하나 소작회에서는 억울하여 불응

지난 3월 27일 오후 3시경에 무안군 암태면 신기리에서 그곳 지주 문태현의 부하 50여 명이 작당하여 소나무 숲속에 숨어 있다가 마침 그 길을 지나가는 소작회원 서태석, 박종남, 서동오 세 사람을 난타하여 박종남, 서동오는 중상을 당하였다 함은 이미 보도했다. 그 후 피해자 박종남 씨는 의사의 진단서를 첨부하여 검사국에 고소를 제기했는데, 문태현 측에서도 역시 목포의 옥산의원 의사의 진단서를 첨부하여 피해자 측을 상대로 고소를 제기하여 서로 내가 맞았다고 주장하고 있다.

(다) 동아일보 1924년 4월 16일자

암태 소작 간부 3명 수감
검사가 출동하여 조사한 결과

지난 10일 목포 경찰서와 목포지청 검사국에서는 세상 사람의 이목을 움직이게 한 무안군 암태도의 소작 분쟁 문제를 조사하고자 그동안 현장에 출동하여 비밀리에 무슨 조사를 하였다. 그중 소작회 간부 서태석, 서광주, 박필선 세 사람을 불러 조사를 마치고 지난 13일에 바로 목포 형무소에 수감하였다. 그 내용은 당국에서 비밀에 부치므로 상세한 보도는 할 수 없으나 ……

(라) 동아일보 1924년 6월 8일자

맹렬한 시위운동
구금된 대표를 방송*하지 않으면
어디까지나 운동을 계속한다고

전남 무안군 암태 소작쟁의 문제는 확대되어 암태 소작회 간부 서태석 외 12명이 목포 형무소에 구금 중이다. 소작회 회원 일동은 이것을 분하게 여겨 선후책을 강구하였다. 그 결과, 구금된 간부의 석방운동을 하고자 면민대회를 열고, 청년회 대표 박복영, 소작회 김룡학, 부인회 대표 고백화 삼씨를 비롯하여 각 단체 남녀 400여 명이 지난 5일 범선 7척을 나누어 타고 목포 경찰서에 이르러 기세를 내었다 함은 이미 보도하였다. …… "이와 같이 다수의 군중이 모이는 것은 불가하니 대표자 몇 명만 두고 각기 해산하라"고 명령하였는데 …… 다수의 군중은 언제까지든지 구금된 간부 일동을 앞세워 주지 않으면 해산할 수가 없다고 사방에서 야단을 치며 …… 그날도 60여 명이 (추가로) 건너올 모양이다 ……

* 방송(放送): 감옥에서 내보냄

(마) 조선일보 1924년 7월 13일자

암태쟁의 동정연설

암태 소작쟁의에 대한 사실은 본보에 누차 보도한 바와 같다. 이에 대해 조선노동총동맹과 조선청년총동맹의 연합 주최로 오는 14일에 시내 천도교당에서 암태 소작쟁의 동정 연설회를 개최한다는데, 연설 제목과 연사는 다음과 같다 하며 입장료는 20전이라더라 ……

(바) 매일신보 1924년 9월 2일자

암태쟁의 해결
중도(中島) 서장의 알선으로
쌍방이 고소를 취하하고 원만한 해결을 했다고

…… 목포 경찰서장 중도건삼(中島健三) 씨가 경찰서에 부임한 이후 동씨는 도 당국자와 협의하여 지주와 소작인 사이에 중재인이 되어 화해에 힘쓰니 …… 원만히 해결되었는데 …… 이와 같이 해결됨은 …… 일반 사회에서도 비로소 안심하게 되었으며 이것은 모두 중도 서장이 힘쓴 결과라고 하여 일반은 감사함을 마지않는다 한다.
화해 조건
1. 소작료는 4할로 하고 1할은 농업 장려금으로 할 것.
……

2) 문항 만들기

신문기사를 한국 근현대사 학습에 활용하기 위해 이해하기(1단계), 맥락 짓기(2단계), 의미 도출하기(3단계)의 세 단계를 설정하였다. 이를 정리하고 단계별로 탐구문항을 예시하면 다음과 같다.

■ 1단계 : 이해하기

신문기사의 내용과 구조를 파악할 수 있도록 기사에 드러난 기본적인 사항을 확인하는 문항를 제시한다. 보도 기사의 경우 사건의 개요나 인물, 갈등의 지점 등을 파악하고, 주요 용어를 짚어보는 과정이 포함된다. 사설의 경우에는 사설에 반영된 사건뿐만 아니라, 사설의 논지, 근거 등을 아울러 파악한다.

문항 1. (가)~(바)는 어떤 사건에 대한 기사 보도입니까?

문항 2. 위 사건은 언제 일어났습니까? 기사를 살펴보고 빈칸을 채워보세요.

(   )년 12월부터 1924년 (   )월까지

문항 3. 사건의 배경을 알아보고자 합니다.

① (가)에 따르면 소작인이 궐기한 이유는 무엇입니까?

② (가)에 따르면 소작인들은 지주에게 무엇을 요구하고 있습니까?

문항 4. 사건의 전개 과정을 파악하고자 합니다.

① (가)~(바)를 참조하여 연표를 완성해보세요.

1923년 12월   2일   (   ) 발기회 소집

1924년 (   )월 (   )일   소작인회와 지주 측 충돌

         4월   13일   (   )

      (   )월 (   )일   소작회 회원 남녀 400여 명 범선으로 건너와 목포 경
                         찰서 앞에서 시위

         7월   14일   (   )

         9월   암태쟁의 해결

② (라)에 따르면 시위에 참가한 세 단체는 어디입니까? 그리고 시위를 통해
   무엇을 요구하고 있습니까?

③ (마)에 따르면 암태 소작쟁의를 동정하는 연설회는 누가 주최했습니까?

문항 5. 사건의 결과를 알아보고자 합니다. 기사 (바)에 따르면 양측이 합의한 내용은
   무엇입니까? 기사 (가)에서 요구한 사항은 이루어졌습니까? 이 사건이 성공적
   이었다고 판단할 수 있습니까?

■ 2단계 : 맥락 짓기

신문기사의 내부적 상황이나 분위기가 그 시대에 어떻게 자리하고 있는지 확인할 수 있는 문항을 제시한다. 관점이란 기사가 구체적인 사안에 대해 취하는 입장이며, 맥락이란 기사내용을 구체적인 시대상황과 연관시키는 것이다. 기사내용이나 주장을 당대의 특정 계층이나 집단과 관련짓거나 구별하는 활동이나, 당시의 정치·경제·사회·문화적 흐름과 연결시키는 활동이 포함된다. 관점이 비교적 명확한 경우에는 맥락을 확인하는 데에, 맥락이 비교적 명확한 경우에는 관점을 확인하는 데에 방점을 둘 것을 권한다. 이를 위해 새로운 지문을 제시할 경우에는 1단계 사실 확인 단계의 문항을 적절히 삽입할 수도 있다. 다음 예시 문항은 관점을 확인하기 위한 것이다.

문항 6. 1924년 3월 27일에 일어난 일에 대해 더 자세히 알아보고자 합니다.

① (나)에 따르면 3월 27일 오후 3시경에 무슨 일이 일어났습니까?

② 다음은 동일한 사건에 대한 다른 신문의 기사입니다. 다음 기사에 따르면 3월 27일과 28일에 무슨 일이 일어났습니까?

(사) 매일신보 1924년 3월 30일자

수백 명 소작인이 지주집을 습격
소작인 수백 명이 일시에 몰려와 폭행을 하며 형세가 심히 불온해
무장경관대 급파

…… 수일 전부터 소작인들이 소작료를 감해달라는 요구를 지주 문재철에게 제출하여 서로 분쟁이 있었다. 지난 27일 소작인들이 결속하여 문재철의 집에 이르러서 서로 언쟁을 한 끝에 불온한 형세까지 보였으나 주재소 순사의 노력으로 간신히 해쳐 돌려보냈다. 그 이튿날 28일 새벽에 또 그들은 수백 명이 일당이 되어 문재철 부친의 송덕비를 쓰러뜨리고 그 길로 문 씨의 집을 음습하여 문 씨의 집을 지키고 있는 30여 명의 촌민과 충돌하는 일대 활극이 일어났다. ……

---

③ (나)와 (사)는 동일한 사건에 대한 기사이지만 다르게 서술하고 있습니다. 그 이유는 무엇일까요? 생각나는 대로 답해보세요.

문항 7. 기사내용이 다른 이유를 살펴보기 위해 기사가 실린 신문에 대해 더 알아보고
자 합니다.

① (나)와 (사)는 각각 어느 신문에 실린 기사입니까?

② 각각의 신문을 누가 창간하고 운영했는지 조사해봅시다.

③ ②번에서 조사한 내용을 바탕으로 했을 때 (나)와 (사)의 내용은 어떤 차이
점을 보이는지 생각해봅시다.

■ 3단계 : 의미 도출하기

이전까지의 작업을 바탕으로 기사와 관련된 역사상을 총체적으로 이해하기 위한 문항
을 제시한다. 2단계를 거치면서 분석한 내용이 전체 역사 속에서 가지는 의미를 파악하
고, 그 배후에 대해 이해하여 이를 포괄한 역사상 전체를 조망하는 활동을 포함한다.

문항 8. 기사내용이 다른 이유를 생각하면서 (바)의 내용을 재확인하고자 합니다. (바)
에 따르면 분쟁이 해결될 수 있었던 가장 큰 이유는 무엇입니까? 이에 대해 사
람들이 어떻게 생각한다고 소개하였습니까?

문항 9. 다음은 분쟁의 해결을 보도한 다른 기사입니다. 이 기사에서는 분쟁이 해결된
이유를 무엇으로 보고 있습니까? 이 기사를 읽은 사람은 '중도 서장의 알선'에
대해 다르게 생각할 수 있겠습니까?

(아) 조선일보 1924년 9월 11일자

암태 소작쟁의 해결과 그 협정서 세목

오랫동안 문제 중에 있던 전남 무안군 암태면 소작쟁의는 각 방면의 간섭과 권고로 인하여 지
난 8월 30일에 지주와 소작회 측에서 원만하게 해결되었는데 그 협정된 세목은 다음과 같다.
......

문항 10. (라), (마), (아)를 읽은 사람들과 (바)를 읽은 사람들은 각각 조선인에 대해, 그리고 총독부의 치안 관리에 대해 어떤 태도를 보일까요? 각 신문이 독자들에게 미치고자 한 영향을 생각해봅시다.

<hr>

유제 1925년부터 1931년에 걸쳐 일어난 불이농장 소작쟁의에 대한 글을 읽고 물음에 답하시오.

(가) 조선일보 1929년 3월 25일자 사설

쟁의 일괄의 불이농장(不二農場)

조선 안에서 일어난 모든 소작쟁의 가운데 용천군 불이서선농장(不二西鮮農場)에서 일어난 것과 같이 지구전이 계속된 경우는 참으로 없다. …… 농장 측이 배신적인 태도를 고치지 않아 10년 동안 피[血]로 개간하여 공헌한 천여 농민을 기아 상태로 몰아간다면 이는 용납하기 어려운 일이다. 원래 해당 농장이 초생○*와 간석지에 지나지 않았는데 불이회사의 경영 이후로 …… 천지재해를 거듭하여 처음 8년간은 충분한 수확이 없었다 한다. 그러나 소작인들은 1정보에 50원 내지 100원의 개간비를 자기 돈으로 지불하면서 약속된 과실에 대해 희망을 가졌다. 그런데 재작년 즉 9년째에 이르러 모처럼 평년작*을 보게 되었을 때 농장은 그들에게 어떻게 대했는가? 빌린 돈과 소작료 미납을 구실삼아 소작권을 박탈하기 시작하였고, 약속한 개간비까지 부정하고 말았다. 쟁의는 이렇게 불붙게 되었으니, 오늘에 이르도록 농장 측의 가혹한 태도는 더하면 더했지 그칠 줄을 모르고 있다. 불이농장 소작인들이 결속한 소작조합은 농장에게 영구 소작권 확인 혹은 개간비 지불, 정조제* 채용 등의 조건을 요구하였지만, 농장 측의 완강한 태도를 다스릴 길이 없어 때로는 군과 도 당국에 쇄도 탄원하기도 하며, 총독부 당국에 눈물로 간절히 호소해보기도 했다. 그러나 그들의 고뇌를 누가 돌아보나! …… 농장 측에서 …… 그동안 투자한 것에 대한 이익을 회수하기에 급급하여 개간에 공헌한 천여 소작인의 손실로 그것을 보충한다면, 도리어 소작인의 반감이 격하게 일어나 보다 많은 손실을 초래할 것이다. 따라서 여기서 농장 측의 반성을 크게 요구한다.

*평년작(平年作): 풍작(豊作)도 흉작(凶作)도 아닌 보통의 수확
*정조제(定租制): 풍년과 흉년에 관계 없이 해마다 일정한 금액으로 정한 소작료
*초생○: 초생지로 추정됨. 새로 생겨난 땅

(나) 불이농장 소작쟁의

불이농장은 회사형태의 소작제 농장으로, 소유주는 일본인이었다. 본래 간석지였던 곳을 '영구 소작권 · 개간비 지불 · 3년간 소작료 면제'의 조건으로 농민을 모집하고 그들의 자금으로 개간했다. 개간을 마친 농민들은 농장주에게 개간비를 요구했으나 농장주는 오히려 고율의 소작료를 징수했고 반항하는 사람들에게는 소작권을 박탈하겠다고 위협했다. 이에 대항하여 1925년 소작인들은 군청과 도청에 탄원서를 제출하였다. 일제 관리의 중재로 이 쟁의는 일단락되었지

만, 불이농장 측은 조합장을 매수하는 등 소작조합을 약화시키면서 소작료를 더욱 올리고 수리조합비를 과다하게 징수하려 하였다.

　1929년 가을 소작인조합은 2천여 명의 소작인 명의로 개간비 반환·영구소작권 승인·소작료 50% 인하 등의 요구를 제시하였다. 이에 농장주가 불응하자 소작료 불납 동맹을 맺어 대항했다. 그러나 경찰이 개입하여 소작인을 일방적으로 탄압하였고, 1930년에는 농장 측이 경찰 입회 하에 소작료를 강제 징수하였다. 이에 3백여 명의 농민들이 무장경찰대를 포위하고 요구조건을 관철시키려다가 간부를 비롯한 150여 명이 검거되었다. 그 후에도 끈질기게 투쟁했으나, 32년 경찰의 탄압으로 소작인조합은 해체되고 말았다.

『한국 근현대사사전』 (한국사사전편찬회 엮음 가람기획, 2005)
한국 브리태니커 온라인

■ 1단계 : 이해하기

문항 1. (가)에 따르면 불이농장 소작쟁의는 왜 일어났습니까?

문항 2. (가)에 따르면 소작인들은 소작쟁의를 통해 불이농장 측에 무엇을 요구했습니까? (가)의 기자는 사설을 통해 불이농장 측에 무엇을 요구하고 있습니까?

문항 3. (나)에 따르면 불이농장 소작쟁의는 성공했습니까? 아니면 실패했습니까?

■ 2단계 : 맥락 짓기

문항 4. 암태도 소작쟁의와 불이농장 소작쟁의의 결과가 다르게 나타난 이유를 알아보고자 합니다.

조선인	– A		일본인	– B
지주	– (1)		지주	– (3)
소작인	– (2)		소작인	– (4)

보기
① A–(1)과 A–(2)　　② A–(1)과 B–(4)　　③ A–(2)와 B–(3)
④ A–(2)와 B–(4)　　⑤ B–(3)과 B–(4)

① 암태도 소작쟁의에서는 누구와 누가 대결하였습니까? 보기에서 고르세요.

(   )

② 불이농장 소작쟁의에서는 누구와 누가 대결하였습니까? 보기에서 고르세요.

(   )

문항 5. 암태도 소작쟁의와 불이농장 소작쟁의의 결과가 다르게 나타난 이유를 어떻게 설명할 수 있겠습니까?

■ 3단계 : 의미 도출하기

문항 6. (가)의 과정을 지켜본 조선 농민들은 1930년대에 어떻게 소작운동을 전개해나 갔을까요? 1920년대와 1930년대 소작운동의 차이를 서술해보세요.

◎ 시대배경과 문항해설

암태도 소작쟁의는 1920년대의 대표적인 소작쟁의로 일제 강점 이후 점점 더 가혹해 진 지주의 소작료 수취를 반영한다. 한말에서 일제하 암태도의 가장 큰 지주였던 문씨가 는 1920년경에 작인이 40%, 지주가 60%를 갖는 4 : 6 타조제나, 추수 전 지주의 대리인인 마름과 소작인이 입회하여 예상 수확량을 기준으로 소작료를 정하는 집조제를 실시했다. 집조제의 경우 실제보다 예상 수확량을 높게 책정하는 경우가 많아 지주에게 상당히 유 리하였다. 당시 재판 기록에 따르면 문재철은 논에서 60% 혹은 그 이상(70~80%)의 소작 료를 거두어갔다. 이는 소작인들의 불만을 사는 원인이 되었다.

암태도 소작쟁의 사건이 크게 확대되면서 동정 여론도 커져 각지의 사상, 청년, 노농 단체들은 지지연설을 행하거나 동정금을 보냈다. 특히 암태도 소작인들의 아사동맹 소식 은 큰 반향을 일으켰다. 농민운동은 1920년대 중반 이후 더욱 발전하여 소작인 조합은 일 반 농민을 망라하는 농민조합으로 개편되었고, 남부지방뿐만 아니라 북부와 동해안 지방 으로도 확산되었다. 1924년 암태도 소작쟁의가 일어난 뒤, 같은 무안군에 속한 인근 섬들 에도 소작쟁의가 연이어 일어났던 사실을 통해 이 쟁의가 상당히 큰 영향력을 끼쳤음을 알 수 있다.

1920년대 농민운동은 일제의 산미증식 계획에 타격을 주면서 일제는 농민운동을 가혹하게 탄압했다. 한국인 농민들도 소작 문제가 단순히 계급적인 문제가 아니라 민족적 문제임을 자각하게 되었다. 그 결과 1930년대 농민운동은 사회주의 세력과 연계하여 비합법 조직인 혁명적 농민조합을 중심으로 전개되었으며, 반일운동으로도 발전하게 되었다. 여기서는 1920년대 후반~1930년대 초반에 일어났던 불이농장의 소작쟁의와 비교하여 1930년대의 농민운동으로 전환하는 배경을 탐구할 수 있도록 하였다.

◦ **답안 예시**

예제

1. 암태도 소작쟁의

2. 1923, 9

3. ① 종래 악 지주의 남폭 행위에 대해 원성이 하늘을 찌르고 있었는데, 올해에는 소작료를 무리하게 남집하려 했기 때문이다.

　② 소작료를 답 4할, 전 3할로 인하하라고 요구하고 있다.

4. ① 암태 소작인회, 3, 27, 암태 소작 간부 3명 수감, 6, 5, 암태쟁의 동정 연설

　② 암태 청년회, 소작회, 부인회, 구금된 간부의 석방을 요구하고 있다.

　③ 조선노동총동맹과 조선청년총동맹

5. 소작료를 4할로 내리기로 결정했다. 그렇다. 그렇다.

6. ① 무안군 암태면 신기리에서 지주 문태현의 부하 50여 명이 작당하여 소작회원 서태석, 박종남, 서동오 세 사람을 난타하여 중상을 입혔다.

　② 27일에는 소작인들이 문재철의 집에 가서 서로 언쟁을 하고 불온한 형세를 보였는데 주재소 순사의 노력으로 간신히 해체되었다. 28일 새벽에는 소작인 수백 명이 문재철 부친의 송덕비를 쓰러뜨리고 문 씨의 집을 습격하여 30여 명의 촌민과 충돌하였다.

③ 기자가 사건내용에 대해 서로 다른 사람에게서 들었다. / 사건이 복잡하여 사실을 확인할 수 없기 때문에 기자가 마음대로 썼다. / 기사를 작성할 때 외부의 압력이 있었다.

7. ① 조선일보, 매일신보

② 조선일보는 1920년 3월 5일 창간된 조선인 신문으로 창간 당시에는 대정실업친목회의 기관지로 허가를 받았다. 1924년 9월 신석우가 경영권을 인수하면서 이상재, 신석우, 김동성, 안재홍 등이 취임하여 '조선 민중의 신문'이라는 표어 아래 경영과 제작을 혁신하였다. / 매일신보는 1910년 8월 30일 대한매일신보를 매수하여 발간한 조선총독부 기관지였다. 일제의 기관지라는 인식 때문에 대중에게 무시되거나 배척되기도 했다.

③ (나)는 조선인 신문으로 조선인 소작회의 입장을 강조하고자 했다.

(사)는 조선총독부에서 발행한 신문으로 조선인 소작인을 '불온'하다고 평가하면서 일본인 순사의 역할을 강조하고 있다.

8. 중도 서장이 중재에 힘썼기 때문이다. 일반 사람들은 대단히 감사해하고 있다고 소개하고 있다.

9. 조선인들이 적극적으로 의견을 관철시키려고 노력했기 때문이라고 생각할 것이다. (바)에서는 일본인에 의한 중재를 강조했기 때문에 문제 해결의 주체를 다르게 파악하는 것이다.

10. (라), (마), (아)를 읽은 사람들은 조선인 지주와 암태 소작회를 비롯한 소작인들 등 사건의 주체를 비롯하여 조선노동총동맹, 조선청년총동맹 등 조선인 단체들의 협력으로 암태 소작 쟁의가 해결되었다고 생각할 것이다. 이 경우 사건 해결을 위한 조선인들의 적극적이고 능동적인 노력이 부각된다. 반면 (바)를 읽은 사람들은 암태 쟁의의 해결이 중도 서장으로 대표되는 공권력, 즉 총독부의 치안 관리 능력에 따른 것으로 파악할 가능성이 크다. 이는 조선인들이 스스로의 힘으로 쟁의를 해결할 수 없다는 점을 은연 중에 드러내면서 일제의 조선 식민통치를 정당화하는 논리로 귀결될 수 있다.

1. 빌린 돈과 소작료의 미납을 구실삼아 농장 측이 소작권을 박탈하기 시작하였고, 약속한 개간비까지 부정하여 10년 동안 피[血]로 개간하여 공헌한 천여 농민을 기아 상태로 몰아갔기 때문에

2. 농장에 대해 혹은 영구 소작권 확인으로 혹은 개간비 지불, 정조제 채용 / 농장 측의 반성(이익을 회수하는 데에만 급급하지 말 것)

3. 실패했다.

4. ① / ③

5. 조선인 소작인들이 투쟁했던 대상이 달랐기 때문이다. 조선인 지주에 맞섰던 암태도 소작쟁의는 일본 측에서 중재할 수 있었으나, 일본인 지주에 맞섰던 불이농장 소작쟁의는 일본 측에서 철저하게 일본인 지주의 입장을 옹호했던 것이다.

6. 1920년대 전반에 농민들은 소작인 조합을 중심으로 소작료 인하, 지세 부당 전가 반대, 소작권 이동 반대, 동척 이민 반대 등 생존권을 요구하는 투쟁을 활발히 벌였다. 그 대표적인 예가 암태도 소작쟁의이다. 농민 운동은 1920년대 중반에 더욱 발전하였다. 일제는 농민 조합이 농민 운동의 거점이라고 판단하여 가혹하게 탄압하였다. 그 결과 1930년대 농민 운동은 사회주의 세력과 연계하여 비합법 조직인 혁명적 농민 조합을 중심으로 전개되었다.

3

근현대
소 설

김대호

1. 사실과 허구 사이, 한국 근현대소설

> 형은 점심을 굶었다. 점심시간이 삼십 분밖에 안 되었다. 우리는 한 공장에서 일했지만 격리된 생활을 했다. 노동자들 모두가 격리된 상태에서 일만 했다. 회사 사람들은 우리의 일 양과 성분을 하나하나 조사해 기록했다. 그들은 점심시간으로 삼십 분을 주면서 십 분 동안 식사하고 남는 이십 분 동안은 공을 차라고 했다. 우리들은 좁은 마당에 나가 죽어라 공만 찼다. 서로 어울리지 못하고 간격을 둔 채 땀만 뻘뻘 흘렸다. 우리는 제대로 쉬지도 못하고 일했다. 공장은 우리에게 일방적으로 원하기만 했다. 탁한 공기와 소음 속에서 밤중까지 일을 했다. 물론 우리가 금방 죽어가는 상태는 아니었다. 그러나 작업환경의 악조건과 흘린 땀에 못 미치는 보수가 우리의 신경을 팽팽하게 잡아당겼다. 그래서 자랄 나이에 제대로 자라지 못하는 발육 부조 현상을 우리는 나타냈다.
>
> 조세희, 『난장이가 쏘아올린 작은 공』 중에서

역사수업에서 학생들에게 1960~70년대 우리나라 노동자들의 삶을 보여주고자 할 때, 조세희의 『난장이가 쏘아올린 작은 공』은 어떤 역사자료보다 당시의 상황에 더욱 가까이 다가갈 수 있는 소재이다. 문학작품의 긴장감 있는 내러티브와 섬세한 묘사는 수십 년을 예사롭게 넘나드는 근현대사 수업의 숨 가쁜 속도에 잠시 제동을 걸고, 그 시기를 살았던 구체적인 인물들에게 주목할 수 있는 시간을 제공해준다. 문학과 역사가 독자적인 별개의 영역을 형성하고 있음에도 역사학과 역사교육에서 양자의 차이점보다 친연성이 더욱 강조되는 까닭도 여기에 있다.[1]

역사와 문학은 모두 사실과 허구 사이의 긴장을 통해 글쓰기가 이루어진다는 공통점이 있다. 그렇지만 근대에서 '객관적 사실'의 추구가 강조되면서, 역사적 사실은 객관성을, 문학적 내용은 허구성을 가진다는 단순한 이분법이 널리 수용되었다. 이후 포스트모더니즘의 등장으로 사실과 허구의 명백한 이분법은 많은 공격을 받았으며, 사실과 허구의 경계를 넘나드는 다양한 시도가 이루어지게 되었다.

이에 따라 역사학과 문학 내부에서도 각각의 차이점과 독자성을 강조하는 목소리는 예전 같은 힘을 발휘하지 못하게 되었다. 또한 역사학에서 미시사, 신문화사, 구술사 등의 참신한 연구 성과들이 발표되면서, 객관적인 역사를 강조했던 기존의 정치사·사회경제사 연구들에 대한 비판의 목소리가 높아졌다. 한편 문학에서도 작품을 작가의 독자적인 창작 영역이 아닌 시대의 산물로 이해하고자 하는 '신역사주의 비평'이 활발하게 전개되었다.[2]

서양 사학계에서는 대체로 1970년대를 기점으로 이전과 확연히 다른 새로운 흐름이 나타났는데, 그중에서도 '미시사(microstoria)'와 '신문화사(new cultural history)'가 가장 주목을 받았다. 이전까지 20세기의 역사학적 흐름을 주도해왔던 거시사 또는 사회사·경제사 연구가 역사적 거대 구조의 탐색에 초점을 맞춰 사회과학적 분석과 계량을 중시했다면, 미시사와 신문화사는 구체적 인간들에게 주목하면서 역사적 현실의 복잡·미묘한 관계들을 이해하려고 하였다.

미시사와 신문화사는 역사란 추상적이지 않고 구체적이어야 한다는 생각에서 출발한다. 역사라는 이름 아래 정작 그 주역인 인간 개개인의 모습이 사라져버린 거대한 역사보다는, 특정한 장소 안에서 생생한 사건을 직접 살아간 실제 인물들의 대응을 통해 역사 속의 구체적인 현실이 더 잘 드러날 수 있다고 생각하는 것이다. 이러한 역사적 경향은 지나치게 좁고 엄격한 이전의 증명 방식보다는 다양한 해석을 포용하는 '가능성의 역사',

---

1 김태웅, 「국사교재에서 문학작품의 활용 실태와 내용 선정의 방향」, 《역사와경계》 77, 부산경남사학회, 2010, 300~304쪽.
2 황병하, 「신역사주의의 현대적 의의와 전망」, 《외국문학》 37, 열음사, 1993, 21~23쪽.

딱딱하고 분석적인 문체가 아니라 구체적인 사건의 전개를 말로 풀어나가는 '이야기로서의 역사'를 추구한다.[3] 또한 이 특성들은 생존인물의 기억과 증언을 통해, 역사를 복원하려는 구술사(oral history)의 경향과도 일치한다.[4]

미시사, 신문화사, 구술사에서 설정하는 대상과 연구방법론은 한국 근현대소설의 내용을 역사학습의 자료로 더 친숙하게 활용할 수 있게 해주었다. 이전의 거시사와 사회경제사 서술은 사회과학적 방식을 채택해서 소설과 확연한 차이가 있었지만, '작은 사람들'의 눈으로 역사를 바라보고자 하는 새로운 연구 경향은 특정한 공간에서 특별한 성과를 남기지 못하고 사라져간 수많은 평범한 사람들을 주목하게 했다. 소설의 서술양식과 거의 일치하는 이러한 접근방식은 소설과 역사의 거리를 더욱 가깝게 만들어서, 구체적인 인물의 서사적 삶을 그려내는 소설을 역사자료로서 다룰 수 있는 가능성을 더욱 넓혀놓았다고 할 수 있다.

2. 근현대소설 활용하기
– '역사적 사고'와 '역사화'를 활용한 비판적 소설 읽기

근현대소설을 역사자료로서 역사수업에 활용할 때, 학생들은 소설과 역사적 사실 간의 유사성과 차이점에 대해 많은 시사점을 얻을 수 있을 것이다. 즉 소설을 활용한 역사수업은 수많은 이야기(내러티브) 중에서 어떤 내용이 역사적 사실로 받아들여질 수 있는지, 그 근거는 무엇인지, 그러한 과정 속에서 어떤 내용이 빠지고 소홀하게 다뤄졌는지에 대해 다른 학습자료보다 더욱 구체적이고 풍성한 내용들을 제시해줄 수 있기 때문이다. 미국에서도 소설을 활용해서 역사수업을 할 때 학생들에게 여러 종류의 소설을 읽게 해서 동일한 역사적 사건에 깃든 다양한 배경지식과 관점들을 이해하게 하고, 관점들을 비교해

---

3 곽차섭 엮음, 『미시사란 무엇인가』, 푸른역사, 2007, 13~14쪽.
4 구술사는 기록을 남길 수 없었던 사람들의 이야기를 역사 속에 포함시키는 작업이다. 이러한 면에서 구술사는 '가능성의 역사', '이야기로서의 역사'가 된다(한국구술사연구회, 『구술사』, 선인, 2005, 19~20쪽).

서 비판적 사고를 촉진하도록 권장하고 있다.[5]

지금까지 우리 역사교육에서 소설을 활용한 역사수업 연구는 무미건조한 역사학습에 학생들의 흥미와 관심을 유발할 수 있다는 점과 학생들의 역사적 상상력과 감정이입을 성장시킬 수 있다는 점에 더욱 초점을 맞춰왔다. 역사 교과서의 딱딱한 서술 때문에 학생들이 흥미를 잃지 않도록 하고, 역사학의 또 다른 측면인 문학성을 살릴 수 있는 다양한 교수학습방법을 개발하는 것에 주력해온 것이다.[6]

그러나 막상 소설을 역사학습에 이용하려고 할 때 '무엇이 사실인가'라는 문제에 부딪힐 수밖에 없다. 소설을 통해 역사적 사실에 담긴 다양성을 본격적으로 논의한 연구는 아직 없지만, 최근 연구들에서는 문학을 활용해서 역사적 사실의 다양성을 탐구하려는 모색들이 더 짙게 배어있다. 일제하 '지식인 소설'을 활용해서 생활사 수업을 모색한 한 연구는 국문학과 사회학에서 1920~30년대의 소설을 통해 일제강점기 사회를 연구하는 경향을 소개하면서, 소설도 역사연구 자료로 활용될 수 있으므로 일제강점기의 지식인 소설을 생활사 학습자료로 활용할 것을 제안한다.[7] 광복 이후의 현대문학을 한국 근현대사 수업에 활용할 수 있는 방안에 대한 또 다른 연구는 현대문학 중 자전적 소설과 사회참여 시(詩), 현실주의 시들이 현대사의 중요한 사건들을 증언하는 하나의 자료로 사용될 수 있다고 주장하였다.[8] 이러한 연구들은 문학작품이 가지는 역사자료로서의 가치에 한층 더 주목하면서 이를 역사적 사실의 다양성을 이해하는 한 방법으로 활용할 것을 강조하고 있다.

소설 활용의 다양한 방법들이 논의되면서 이러한 점들이 점점 개선되어가는 것 또한 사실이지만, 소설 속에 담긴 역사성을 충분하게 활용할 수 있는 연구는 본격적으로 진행되지 않았다. 역사학습에서 소설을 활용하는 방안들이 역사적 사고를 향상시킬 수 있다

---

5 Wanda J. MIller, "Introduction", *Teaching U.S. History Through Children's Literature*, Teacher Ideas Press, 1998, p.12.

6 역사소설을 활용한 역사수업의 사례로는 독후감(서평) 쓰기, 극화학습(역할극), 문제해결적 인물학습(탐구학습), 같은 시기(주제)를 다룬 두 작품의 비교학습, 제작학습(만화 그려보기) 등이 있다.

7 남경화, 「일제하 지식인 소설을 활용한 생활사 수업」, 한국교원대 교육대학원 석사학위논문, 2009, 2~3쪽.

8 정민영, 「한국 근현대사 수업에서의 문학작품 활용 연구: 광복 이후를 중심으로」, 서강대 교육대학원 석사학위논문, 2009, 3쪽.

는 막연한 추정에만 치중함으로써 소설 활용이 줄 수 있는 다양한 가능성에는 아직 주목하지 못한 것이다.

이런 면에서 역사교육 이론에서 제기되어온 '역사화'에 대한 논의는 중요한 시사점을 제시해준다. '역사화' 논의는 포스트모더니즘과 신문화사를 비롯하여 일상사, 심성사, 미시사, 역사인류학 등으로 불리는 새로운 연구 경향을 역사교육 분야에서 적극적으로 수용하고자 한 결과로 등장하였다. '역사화' 이론은 역사수업에서 역사지식을 일방적으로 학생들에게 전달하는 것을 반대하고, 학생들이 역사교과서의 내용을 비판적으로 바라보면서 역사적 사실에 담긴 다양한 가능성에 주목할 것을 강조한다. 과거 사건이 역사교과서의 내용으로 전환되는 과정에서 다양한 역사 해석이 가능함에도, 역사교과서가 채택하고 있는 객관적 서술방식이 학생들에게 과거 사실을 비판적으로 바라볼 수 있는 가능성을 차단하고 있기 때문이다.[9] 따라서 역사수업에서 소설을 활용하여 역사적 사건의 다양한 가능성을 탐색하고자 하는 시도는 '역사화'에서 강조되는 역사가의 관점을 비판적으로 검토하는 활동과 유사한 성격을 가지게 된다. 학생들은 소설을 통해 역사교과서의 사건들에 숨어있는 다양한 개연성에 주목하게 되고, 소설과 역사 교과서의 내용을 동시에 비판적으로 검토함으로써 역사적 사건의 다양성에 직접 다가가 볼 수 있는 기회를 가질 수 있기 때문이다.

3. 탐구문항 만들기

1) 문학작품 선정

한국 근현대소설을 역사학습에 활용하고자 할 때, 가장 먼저 떠오르는 문제는 작품 선정에 대한 어려움이다. 방대한 양의 근현대소설을 사전정보 없이 모두 읽어가면서 그중에 필요한 내용들을 역사학습을 위해 활용하는 방식은 불가능할 뿐만 아니라 비효율적이

---

9 양호환, 「역사적 사고의 한계와 역사화의 가능성」, 《역사교육》 87, 역사교육연구회, 2003, 190~217쪽.

다. 그렇다고 역사학습에 항상 활용되었던 특정소설의 특정부분(예를 들면, 허생전의 매점 매석과 같은 부분)만을 반복적으로 이용하는 것은 역사학습에 새로운 동기를 부여하지 못할 뿐만 아니라 소설을 다양한 방식으로 활용할 수 있는 길을 원천적으로 차단하게 된다.

한국 근현대소설의 발전을 각 시대의 역사적 사건과 관련 지어 전체적으로 이해하는 작업은 '소설사'에서 주로 이루어졌다. '한국소설사', '한국 근현대소설사' 등의 제목으로 출간된 소설사 연구를 통해 한국 근현대소설의 대략적인 전개과정이나 주요 소설의 내용·역사적 맥락·의의를 살펴볼 수 있다.

이런 연구 성과들은 대부분 국문학 방면의 관심 속에서 이루어졌기 때문에 역사학이나 역사교육의 관점으로 근현대소설을 어떻게 바라보아야 할 것인지, 문학작품을 역사학습에 활용할 때 발생할 수 있는 문제점은 무엇인지 등에 대해서 특별히 언급하지 않는다. 그렇기 때문에 문학적 허구와 역사적 사실 사이의 관계나, 문학작품을 역사학습에 활용할 때 발생할 수 있는 문제점 등에 대해서는 역사교사들이 별도의 준비를 해야 한다. 또한 국문학 방면의 연구를 통해서는 문학작품을 역사학습에 활용할 수 있는 다양한 교수-학습방법론에 대해서도 찾아보기 힘들다.

문학적 허구를 역사적으로 어떻게 접근할 것인가에 대해서는 여러 연구서들을 참조할 필요가 있다. 우선 국문학에서 문학적 허구와 역사적 사실 사이의 관계를 밝힌 연구서적들[10]이 있으며, 역사학에서도 최근 포스트모더니즘의 발달과 더불어 허구와 사실의 간격을 좁혀가고자 하는 노력[11]이 있었다. 또한 우리의 고전소설을 통해 조선시대의 역사적 사실을 깊이 있게 이해하게 하거나,[12] 서양의 유명한 소설들이 담고 있는 역사적 맥락들을 서양사의 전개과정과 연결시켜 서술한 연구서[13]는 소설을 이해하는 반영론적 관점들을 역사적으로 잘 접근하고 있다.

---

10 차하순, 『역사와 문학』, 서강대학교출판부, 1981; 이상신, 『문학과 역사』, 민음사, 1982; 한국문학평론가협회 편, 『문학적 진실과 역사적 진실』, 백문사, 1992.

11 김기봉, 『역사들이 속삭인다』, 프로네시스, 2009.

12 신병주·노대환, 『고전소설 속 역사여행』, 돌베개, 2005.

13 주경철, 『문학으로 역사읽기, 역사로 문학읽기』, 사계절, 2009.

한편, 역사소설을 역사교육 현장에서 교수학습론을 통해 활용하는 방식에 대해서는 전국역사교사모임을 통해 발표된 연구들[14]과, 교육대학원의 관련 석사학위논문들[15]에서 도움을 얻을 수 있다.

예제 개화공간(1890~1910년)과 신소설 – 이인직의『혈의 누』

이인직의『혈의 누』는 고전소설과 근대소설 사이의 과도기적 성격을 띤 신소설의 대표작이다. 문호개방 이후 전통적인 문학양식은 개화사상과 밀접한 관련을 가지면서 변화해 갔는데, 신소설은 1910년대 근대소설의 등장 이전에 문학양식을 정치적·사회적 개혁의 수단으로 인식하는 경향을 띠며 등장하였다.

『혈의 누』는 '일본식 언문일치 문체(문장)', '정치소설', '청일전쟁'이라는 세 가지 핵심단어와 더불어 '신소설'이라는 새로운 형식을 우리 문학사에 안겨 주었다.『혈의 누』의 세 가지 특징 중, 역사학습에서 주목할 만한 점은 '청일전쟁'을 다룬 '정치소설'이라는 측면이다. 청일전쟁은 동아시아의 패권이 중국에서 일본으로 전환되는 일대 사건이다. 그동안 역사수업에서는 청일전쟁의 거시적인 역사적 의의에 대해서만 관심을 가졌을 뿐 전쟁으로 인한 조선 사람들의 삶의 변화라는 면(평안도 지역의 피해나 의식 변화 등)에 대해서는 전혀 주목하지 못했다.『혈의 누』는 청일전쟁 당시의 충격과 혼란상을 생생히 묘사함으로써, 청일전쟁이 당시 조선 사람들에게 미친 영향을 생생하게 증언하고 있다. 또한『혈의 누』는 '정치소설'이라는 측면에서도 주목할 만하다. 저자인 이인직은 친일적 성향을 가진 개화파였는데, 이 소설을 통해 중국을 비판하고 개화의 필요성을 역설하고자 했다.『혈의 누』에는 이러한 작가의 정치적 입장이 곳곳에 녹아 있어, 개화파의 눈으로 바라본 당시의 시대상을 잘 보여준다.

---

14 신진균, 「역사학습에서 역사소설의 활용」, 《역사교육(교)》 40, 전국역사교사모임, 1997; 「문학의 향기로 역사를 느끼다」, 전국역사교사모임 지음, 『우리 아이들에게 역사를 어떻게 가르칠 것인가』, 휴머니스트, 2002; 김일규, 「소설을 읽고 조선 후기 사회 분석하기」, 《역사교육(교)》 45, 전국역사교사모임, 1999.

15 임지연, 「역사학습에서 소설자료 활용 연구: 연암 박지원의 소설을 중심으로」, 이화여대 교육대학원 석사학위논문, 2006; 남경화, 「일제하 지식인 소설을 활용한 생활사 수업」, 한국교원대 교육대학원 석사학위논문, 2009.

다음 소설을 읽고 물음에 답해봅시다.

그날은 평양성에서 싸움 결말나던 날이요, 성중의 사람이 진저리내던 청인(청나라 사람)이 그림자도 없이 다 쫓겨 나가던 날이요, 철환은 공중에서 우박 쏟아지듯 하고 총소리는 평양성 근처가 다 두려빠지고 삶 하나도 아니 남을 듯하던 날이요, 평양 사람이 일병 들어온다는 소문을 듣고 일병(일본병사)은 어떠한지, 임진난리(임진왜란)에 평양 싸움 이야기하며 별 공론이 다 나고 별 염려 다 하던 그 일병이 장마통에 검은 구름 떠들어오듯 성내·성외에 빈틈없이 들어와 박히던 날이라.

본래 평양성중 사는 사람들이 청인의 작폐(횡포)에 견디지 못하여 산골로 피란 간 사람이 많더니, 산중에서는 청일 군사를 만나면 호랑이 본 것 같고 원수 만난 것 같다. 어찌하여 그렇게 감정이 사나우냐 할 지경이면, 청인의 군사가 산에 가서 젊은 부녀를 보면 겁탈하고, 돈이 있으면 뺏어 가고, 제게 쓸데없는 물건이라도 놀부의 심사같이 작란하니(난리를 치니), 산에 피란 간 사람은 난리를 한층 더 겪는다. 그러므로 산에 피란 갔던 사람이 평양성으로 도로 피란 온 사람도 많이 있었더라.

그 부인은 평양성 북문 안에 사는데 며칠 전에 산에 피란 갔다가 산에도 있을 수 없고, 촌에 사는 일갓집으로 피란 갔다가 단칸방에서 주인과 손과 여덟 식구가 이틀 밤을 앉아 새우고 하릴없이 평양성 내로 도로 온 지가 불과 수일 전이라. 그때 다음에 다시는 죽어도 피란 가지 아니한다 하였더니. 오늘 새벽부터 총소리는 천지를 뒤집어놓고 사면 산꼭대기들 가운데에 불비가 쏟아지니 밝기를 기다려서 피란길을 떠났는데, 아무것도 가진 것 없고 젊은 내외와 어린 딸 옥련이와 단 세 식구 피란이라.

성중에는 울음 천지요, 성 밖에는 송장 천지요, 산에는 피란꾼 천지라. 어미가 자식 부르는 소리, 서방이 계집 부르는 소리, 계집이 서방 부르는 소리, 이렇게 사람 찾는 소리뿐이라. 어린아이를 내버리고 저 혼자 달아나는 사람도 있고, 두 내외 손을 맞붙들고 마주 찾는 사람도 있더니, 석양판에는 그 사람이 다 어디로 가고 없던지 보이지 아니하고, 모란봉 아래서 옥련이 부르고 다니는 부인 하나만 남아 있더라. (중략)

당초에 옥련이가 피란 갈 때에 모란봉 아래서 부모의 간 곳 모르고 어머니를 부르면서 발을 동동 구르다가 난데없는 철환 한 개가 넘어오더니 옥련의 왼편 다리에 박혀 넘어져서 그날 밤을 그 산에서 목숨이 붙어 있었더니, 그 이튿날 일본 적십자 간호수가 보고 야전병원으로 실어 보내니 일본군 의사가 본즉 중상은 아니라. 철환이 다리를 뚫고 나갔는데 의사가 하는 말이, '만일 청인의 철환을 맞았으면 철환에 독한 약이 섞인지라 맞은 후에 하룻밤을 지냈으면 독기가 몸에 많이 퍼졌을 터이나, 옥련이 맞은 철환은 일본인의 철환이라 치료하기 대단히 쉽다' 하더니, 과연 삼 주일이 못 되어서 완연히 평일과 같은지라.

이인직,「혈의 누」

2) 문항 만들기

소설을 활용하는 기존의 교수학습 방법론은 실제의 역사학습에 적용하기 어려운 여러 문제점이 있다. 가령, 단편소설이나 장편소설 전체를 텍스트로 삼고 있어 학생들이 소설을 미리 읽어오지 않으면 교육적 효과를 기대하기 어렵다. 또한 소설을 선정할 때도 대부분 역사소설만을 대상으로 삼고 있어 다양한 역사적 사건을 다룰 수 없다는 한계가 있으며, 역사소설들이 대개 장편이어서 학생들이 이를 미리 읽고 이해하기가 쉽지 않다. 1년의 연중 계획에서 1~2회 정도를 할애해서 소설을 중심으로 미리 수업을 설계하거나, 수행평가 등을 통해서 수업 이외의 시간에 소설과 관련된 역사학습을 수행하도록 안내할 수도 있다. 별도의 수업설계 없이도 일반적인 수업시간에 이를 활용할 수 있는 방법론을 제시해 소설을 활용한 역사학습에서 다양한 교육적 효과를 기대해볼 만하다.

이러한 점을 감안할 때, 소설 전체가 아닌 특정한 일부분을 '사료'의 한 부분으로서 활용하는 역사학습 방안을 생각해볼 수 있다. 사료를 활용하는 역사학습은 탐구수업 방식을 통해 다양한 활용방안이 제시되어 왔으며, 사료를 수업 보조자료로 제시하여 학생들의 이해를 돕는 방식 또한 학교현장에서 다양하게 활용되고 있다. 만약 한국 근현대소설의 내용을 당대의 구체적인 상황을 설명해주는 역사자료로서 수용할 수 있고, 다른 한편으로 이를 비판적으로 읽을 수 있는 단계를 설정할 수 있다면, 학생들의 호기심을 자극하면서도 역사적 탐구력과 상상력을 길러낼 수 있는 풍부한 소재를 얻을 수 있다. 또한 역사자료로서의 소설 활용은, 교과서가 제시하는 고정된 역사상을 비판적으로 이해하면서 다양한 역사의 가능성을 중시하는 '역사화' 이론의 구체적인 학습활동으로서도 손색이 없다고 여겨진다.

『혈의 누』를 선정하여 역사학습에 활용하고자 할 때, 단지 소설 자체를 이해하거나 소설의 배경을 역사적 맥락과 관련시켜 이해하는 것도 중요하지만, 청일전쟁 시기의 친일적 개화파의 관점에서 바라본 당시의 시대상을 비판적으로 접근할 필요가 있다. 또한 『혈의 누』의 화자가 제시하는 청일전쟁 시기의 평양에 거주하던 조선 사람들의 모습을 통해, 당시 시대상을 보다 생생하게 이해하는 것도 중요하다.

『혈의 누』의 특정 부분이 앞에서 언급한 역사적 사료로 활용 가능한지 검토하고 이를 비판적으로 접근하는 다양한 방법을 단계별로 제시하고자 한다. 이를 위해 『혈의 누』를 당시 사료와 비교하거나, 작가(이인직)에 대한 이해로 접근하거나, 현대 역사가들의 여러 해석과 비교하거나, 교과서 서술과 비교하는 등 여러 방법을 시도해볼 것이다.

■ 1단계 : 소설 내용 이해

우선 제시된 소설의 내용을 이해해야 한다. 학생들은 이미 국어 수업을 통해 소설의 3요소에 해당하는 주제, 구성(plot), 문체(style)와 구성의 3요소에 해당하는 인물(character), 배경(background), 사건(event)을 파악하는 방법을 어느 정도 알고 있다. 1단계 질문은 학생들의 공감을 이끌어내고 소설 내용을 기본적으로 파악할 수 있는 간단한 내용들로 마련하면 좋을 것이다.

- 인물: 감정, 태도, 성격에 대한 질문과 그 근거
- 배경: 지역(공간), 시대(시간), 사회(인간)에 대한 질문, 또는 소재를 통한 배경의 특성 이해
- 사건: 갈등 요소 및 사건의 성격 파악
- 구성: 제시된 사건의 선후에 발생했을 사건(인과관계 파악), 전체의 줄거리를 제시한 후 위의 사건이 해당하는 곳을 파악(구성단계에 대한 이해)
- 문체: 표현상의 특징과 효과
- 주제: 이 소설이 말하고자 하는 것, 서술자가 강조하고 있는 내용

문항 1. 위 사건에서 등장하는 인물들을 모두 적어보세요.

문항 2. 평양성에 살고 있는 사람들을 혼란에 빠뜨린 사건은 무엇입니까?

문항 3. '**그날**' 발생한 일 중에서 서술자가 가장 자세하게 소개하고 있는 내용은 무엇입니까?

■ 2단계 : 실제 역사 속에서 소설 이해

• 인물 → 계층과 집단에 대한 이해로 확장

• 배경 → 소재에 담긴 시대적 의미와 정치·경제·사회·문화적 배경에 대한 이해

• 사건 → 역사적 사건의 명칭과 그 사건에 대한 이해

• 구성 → 역사적 사건의 '원인-과정-결과'

• 문체 → 문학과 사료의 용어, 문장, 글 조직의 차이

• 주제 → 역사적 사건의 의의

문항 4. 위의 글에서 서술자는 '일병'과 '청인'에 대해서 어떻게 설명하고 있습니까? 이 사건이 발생했을 당시에 이런 관점을 가지고 있었던 사람들은 누구였을까요?

문항 5. 위에서 밑줄 친 그날은 우리 역사에서 일어난 어떤 사건에 대해서 서술하고 있습니다. 그 사건은 무엇일까요?

■ 3단계 : 역사자료로서 소설 이해

이 단계에서는 학생들로 하여금 여러 개의 소설들을 함께 비교하거나, 소설과 사료, 소설과 역사가의 해석을 함께 비교하는 활동을 하도록 설정한다. 학생 스스로 역사가의 연구방법으로 관련 자료들을 비판적으로 이해하게 함으로써 역사교육이론에서 강조하는 '역사적 사고'와 '역사화'를 실제로 경험하게 하는 것이 중요하다.

• 기존의 역사적 해석(교과서, 개론서, 논문 등을 제시)에 근거하여 소설을 비판

　예　여러분이 다음의 역사적 내용을 신뢰하고 있는 역사가라면, 위의 내용에서 제시한 ~~한 내용에 대해 어떻게 평가할까요?

- 소설이 설득력을 얻기 위해서 필요한 자료들

  예 다음의 역사적 내용을 여러분이 알고 있다면, 위의 소설을 읽고 난 후 이 내용에서 어떤 내용들이 더 필요하다고 말할까요?

- 소설의 서술자가 강조하고 있는 내용과 역사적 해석이 주목하고 있는 내용 사이의 공통점과 차이점

  예 위 소설의 서술자와 다음의 역사적 내용을 서술한 역사가는 서로 다른 부분들에 중요성을 두어 서술하고 있습니다. 여러분들은 어떤 부분에 공통점/차이점이 있다고 생각합니까?

- 소설이 역사적 해석보다 더욱 설득력이 있는 점

  예 만약 소설이 더욱 설득력이 있다고 생각한다면, 기존의 역사적 해석에서 어떤 내용이 보충되어야 한다고 생각합니까?

문항 6. 다음의 신문기사는 소설의 사건이 발생한 2년 뒤에 조선의 《독립신문》에서 보도한 내용입니다. 잘 읽고 물음에 답해보세요.

> 일본이 이 년 전에 청국과 싸워 이긴 후에 조선이 분명한 독립국이 되었으니, 조선 인민이 일본을 대하여 감사한 마음이 있을 터이나, 조선 인민 중에 일본을 감사히 생각하는 사람이 지금 없는 것은 다름이 아니라 조선에 온 일본 사람 중에 큰 형세는 생각하지 못하고 당장 조그마한 이익만 취하여 조선 사람을 박대한 일도 많이 있고, 또 을미사변에 일본 사람들이 관계가 있었으니 그 감사한 마음이 생기기 전에 의심과 분한 마음이 먼저 생겼는지라.
>
> 《독립신문》 1896년 4월 18일자

① 이 신문에서 '일본이 청국과 싸워 이긴 사건'에 대해서 무엇이라 평가하고 있습니까?

② 이 신문에서 '조선에 온 일본 사람들'을 평가한 내용과 앞의 소설에 등장하는 일본인의 모습과는 어떤 차이가 있습니까?

③ 이 신문의 일본인과 소설에 소개된 일본인의 차이점에 대해서 어떤 의문이 드나요? 만약 당신이 이러한 차이점을 해결하고자 한다면 어떤 방법을 사용할 것인가요?

문항 7. 아래의 내용은 일본의 역사가가 동일한 역사적 사건(청일전쟁)에 대해서 평가한 것입니다. 읽고 물음에 답해보세요.

청일전쟁에 대해 오히려 문제가 되는 것은 (……) **청일전쟁이 조선민중에 있어서 어떠한 것이 없는가 하는 시각이 전혀 결여되어 있거나 극히 미약하다는 점이다.** 전쟁터는 일본이 아니라 주로 조선이었으며 조선 지배를 둘러싸고 제국주의 후보국인 일본과 청국의 군대가 충돌한 이상, 조선 민중에 있어서는 침략전쟁 이외의 그 무엇도 아니었다. 이 점을 바로 보여주는 것은 청일전쟁 중에 벌어진 일본군과 조선 농민 간의 교전의 사실이다. 청일전쟁은 최초 〈동학당의 난〉이라고 불리는 갑오농민전쟁에 패하게 된 조선정부가 청국에 구원을 요청한 데 대해, 그 앞의 텐진조약에 따라 일본도 출병한 것에 비롯된 것으로, 일본군은 조선정복 후 정부군과 한편이 되어 농민군을 소탕한 것이다. 조선사상 최대의 농민반란을 진압하고 조선의 아래로부터의 근대화 과정을 말살한 것이 바로 다름 아닌 일본군이었던 것이며, 그러한 의미에서 청일전쟁은 바로 '조선인민에 대한 반(反) 혁명적 침략전쟁'이었다고 하지 않으면 안 된다.

이시이 칸지(石井寬治), 『일본경제사』

① 위의 내용에서는 청일전쟁을 어떻게 평가하고 있습니까?

② 만약 당신이 위의 밑줄 친 내용과 같은 관점을 가지고 있는 역사가라면, 소설의 내용에 대해서 어떻게 평가할 것인가요?

문항 8. 다음은 위의 소설을 쓴 작가에 대한 설명입니다. 물음에 답해봅시다.

이인직은 1862년 경기도 광주에서 태어났다. 1900년 2월 구한국 정부의 관비 유학생으로 일본 동경에 건너가기까지의 생애는 거의 알려진 바 없다. 동경정치학교 청강생으로 수학하고 러일전쟁 때는 일본 육군의 통역관으로 활동하기도 하였다. 1906년 《국민신보》와 《만세보》 주필을 거쳐 《대한신문》 사장에 취임하였고 같은 해 『혈의 누』를 발표하였다. 1908년 신극 운동을 위해 〈원각사〉를 창립하였고 거기에서 자신의 작품 『은세계』를 공연하였다. 이즈음에 이완용의 비서역을 겸하면서, 동경정치학교 스승이었던 통감부 외사국장 고마쓰(小松)의 협상 상대로 한일합방의 막후 역할을 담당하였다. 합방 후 1911년에는 경학원의 관직을 맡았으며, 1916년 11월 55세를 일기로 세상을 떠났다.

문학과문학교육연구소, 『한국현대소설사』

① 작가의 생애 중, 위의 작품과 관련하여 가장 눈에 띄는 것은 무엇입니까?

② 작가의 정치적인 성향을 고려했을 때, 소설 내용 중에서 가장 문제가 있다고 판단되는 내용은 무엇입니까?

유제 다음은 이광수의 『무정』의 일부입니다. 글을 읽고 물음에 답해봅시다.

그네의 얼굴을 보건댄 무슨 지혜가 있을 것 같지 아니하다. 모두 다 미련해 보이고 무감각해 보인다. 그네는 몇 푼어치 아니 되는 농사한 지식을 가지고 그저 땅을 팔 뿐이다. 이리하여서 몇 해 동안 하나님이 가만히 두면 썩은 볏섬이나 모아두었다가는 한번 물이 나면 다 씻겨 보내고 만다. 그래서 그네는 영구히 더 부(富)하여짐 없이 점점 더 가난하여진다. 그래서 몸은 점점 더 약하여지고 머리는 점점 더 미련하여진다. 저대로 내버려두면 마침내 ㉠**북해도의 '아이누'나 다름없는 종자**가 되고 말 것 같다.

저들에게 힘을 주어야 하겠다. 지식을 주어야 하겠다. 그리하여서 생활의 근거를 안전하게 하여주어야 하겠다.

"과학! 과학!" 하고 형식은 여관에 돌아와 앉아서 혼자 부르짖었다. 세 처녀는 형식을 본다.

"조선 사람에게 무엇보다 먼저 과학을 주어야 하겠어요. 지식을 주어야 하겠어요" 하고 주먹을 불끈 쥐며 자리에서 일어나 방 안으로 거닌다. "여러분은 오늘 그 광경을 보고 어떻게 생각하십니까."

이 말에 세 사람은 어떻게 대답할 줄을 몰랐다. 한참 있다가 병욱이가 "불쌍하게 생각했지요" 하고 웃으며 "그렇지 않아요?" 한다. 오늘 같이 활동하는 동안에 훨씬 친하여졌다.

"그렇지요, 불쌍하지요! 그러면 그 원인이 어디 있을까요?"

"물론 문명이 없는 데 있겠지요―생활하여갈 힘이 없는 데 있겠지요."

"그러면 어떻게 해야 저들을 …… 저들이 아니라 우리들이외다 …… 저들을 구제할까요?" 하고 형식은 병욱을 본다. 영채와 선형은 형식과 병욱의 얼굴을 번갈아 본다. 병욱은 자신 있는 듯이

"힘을 주어야지요! 문명을 주어야지요!"

"그리하려면?" / "가르쳐야지요! 인도해야지요!"

"어떻게요?" / "교육으로, 실행으로."

이광수, 『무정』

■ 1단계 : 소설 내용 이해

문항 1. ㉠ '북해도의 아이누나 다름없는 종자'의 문맥적 의미는 무엇입니까?

문항 2. 위 소설의 인물들은 '조선 사람'들이 갈수록 빈곤해지는 이유를 무엇으로 생각하고 있습니까?

문항 3. 그들은 조선 사람들의 빈곤을 무엇으로 해결할 수 있다고 생각하고 있습니까?

■ 2단계 : 실제 역사 속에서 소설 이해

문항 4. 다음의 글을 읽고 물음에 답해보세요.

장편 『무정』은 6월 28일에서 7월 말까지의 약 한 달 사이에 일어난 사건을 다룬 것으로, 1917년 1월 1일부터 6월 14일까지 총 126회에 걸쳐 《매일신보》에 연재되었다. 『무정』은 총독부 기관지이며 당시로서는 거의 유일한 중앙신문이었던 《매일신보》 제1면에 연재되었는데, 3·1 운동을 앞둔 시점에서 강점 이후 조선인의 새로운 이념형을 제시한다는 포부가 만들어낸 것이다. 그 같은 포부가 《매일신보》라는 거대한 매체에 연재된 장편이라는 막강한 문학 형식을 통해 실현되었다는 점에서 매우 획기적인 것이었다.

김윤식·정호웅, 『한국소설사』

① 소설 주인공 이형식은 동경유학을 한 경성학교 영어교사입니다. 소설이 발표된 시기를 고려했을 때, 이형식은 당시 조선사회에서 어떤 생각을 가지고 있었던 사람들을 대표하는 것일까요?

② 1910년대에 이러한 생각을 가지고 있었던 사람들을 한국근대사에서는 어떤 명칭으로 부르고 있나요?

문항 5. 다음에 제시된 작가의 일대기를 참조했을 때, 작가의 경험이 위 소설에 어떻게 반영되어 있는지 설명해봅시다.

1892년(1세)	평안북도 정주에서 출생
1905년(14세)	일진회(천도교) 학교에 들어가 일본어와 산술을 배움. 일진회 유학생으로 일본으로 건너감
1910년(19세)	메이지 학원 보통부 졸업. 오산학교 교원이 되어 학생들을 가르침
1913년(22세)	세계여행을 목적으로 만주로 가 정인보를 만남. 상하이에서 홍명희, 문일평 등 당대의 유명 인사들과 동거함
1914년(23세)	샌프란시스코에서 발행되던 《신한민보》 주필이 되기 위해 블라디보스토크로 떠남. 국민회 대의회에서 《대한인정교보》 주필로 임명됨. 제1차 세계대전의 발발로 귀국
1916년(25세)	와세다 대학 대학부 철학과에 입학
1917년(26세)	와세다 대학 철학과에서 특대생으로 진급함. 『무정』의 《매일신보》 연재를 126회로 끝냄. 《경성일보》와 《매일신보》의 특파원으로 5도 여행을 떠남. 특대생이 된 것으로 인해 총독부로부터 수상

문항 6. 다음의 글은 위 소설의 작가가 1922년 잡지 《개벽》에 실은 「민족개조론」의 일부입니다. 읽고 물음에 답하세요.

조선민족은 너무도 뒤떨어졌고, 너무도 피폐하여 남들이 하는 방법만으로 남들을 따라가기가 어려운 처지에 있으니, 무슨 더 근본적이요, 더 속달의 방법을 찾을 필요가 있습니다. 우선 현재 있는 대로의 상태로는 문화사업도 하여 갈 수가 없으리만큼 조선민족은 쇠약하였습니다. 자양분과 운동을 취하게 하기 전에 우선 캄플 주사가 필요하게 되었습니다.

보시오. 학교들이 생기나 유지할 능력이 없어 거꾸러집니다. 회들이 생겼으나 또한 그러하고 잡지와 신문들이 생겼으나 또한 그러합니다. 문화사업을 할 사람이 없고 할 돈부터 없는 처지입니다. 사람부터 만들자, 돈부터 만들자 하는 것이 맨 먼저 필요합니다.

그러면 네 의견은 어떠하냐. 이 논문에 말한 것으로 이미 짐작도 하셨겠지만 나는 차라리 조선 민족의 운명을 비관하는 자외다. 전에 말한 비관론자의 이유로 하는 바를 모두 진리라고 생각합니다. 우리는 과연 순치 못한 환경에 있습니다. 우리는 그 이상을 상상할 수 없으리만큼 정신적으로나, 물질적으로나 피폐한 경우에 있습니다.

또 우리 민족의 성질은 열악합니다(근본성은 어찌 되었든지 현상으로는). 그러므로 이러한 민족의 장래는 오직 쇠퇴 또 쇠퇴로 점점 떨어져가다가 마침내 멸망에 빠질 길이 있을 뿐이니 결코 일점의 낙관도 허할 여지가 없습니다. 나는 생각하기를 삼십 년만 이대로 내버려 두면 지금보다 배 이상의 피폐에 달하여 그야말로 다시 일어날 여지가 없이 되리라 합니다. 만일 내 말이 교만하고 과격하다 생각하거든 지나간 삼십 년을 돌아보시오! 얼마나 더 성질이 부패하였나, 기강이 해이하였나, 부가 줄었나, 자신이 없어졌나. 오직 조금 진보한 것은 신지식이어니와 지식은 무기와 같아서 우수한 자에게는 복이 되고 열악한 자에게는 화가 되는 것이라. 이 소득으로 족히 잃은 것의 십의 일도 채우기 어려울 것이외다.

그러면 이것을 구제할 길은 무엇인가. 오직 민족개조가 있을 뿐이니 곧 본론에 주장한 바외다. 이것을 문화운동이라 하면 그 가장 철저한 자라 할 것이니, 세계 각국에서 쓰는 문화운동의 방법에다가 조선의 사정에 응할 만한 독특하고 근본적이요, 조직적인 방법을 첨가한 것이니 곧 개조동맹과 그 단체로써 하는 가장 조직적이요, 영구적이요, 포괄적인 문화운동이외다. 아아, 이야말로 조선민족을 살리는 유일한 길이외다.

① 위의 소설과 이 글의 주장 속에 담긴 공통점은 무엇입니까?

② 이 글은 작가가 1919년 이후 대한민국 임시정부에서 활동하다가, 1921년 귀국하여 사이토 총독을 만난 후 집필한 글입니다. 이 글의 주장은 위 소설에서 주장하는 것과 어떤 차이점을 가지게 되었습니까?

● 시대배경과 문항해설

소설 『무정』이 《매일신보》에 연재되었던 1917년은 일제의 '무단 통치'(1910~1919)가 실시되던 시기였다. 조선총독부는 조선의 산간벽지까지 헌병을 파견해서 폭력적인 방식으로 조선인을 통치했으며, 조선인들에게서 언론·출판·결사의 자유를 모두 박탈함으로써 침묵과 복종을 강요했다. 이 시기 동안 일제는 본국에 필요한 식량과 원료를 수탈하기 위해 조선을 본격적인 식민지 시장으로 만들기 위한 작업에 착수하였다. 식량 수탈을 위해 토지조사사업, 종자 개량, 비료 보급 등이 실시되었고, 도로-철도-항만을 연결하는 기본적인 운송 체계를 확립하여 조선의 시장 경제를 일본에 철저하게 종속시켜 나갔다. 한반도를 'X자'로 가로지르는 간선철도를 따라 일본인들의 본격적인 이주가 뒤를 이었고, 그들이 거주하는 새로운 시가지는 식민지 조선의 경제 중심지로 새롭게 재편되었다. 반면 대부분 조선 농민들이 거주하는 농촌지역은 일제의 수탈 정책을 위한 배후지로 전락하였으며, 과중한 소작료, 총독부가 부과하는 각종 공과금과 무보수의 부역 등은 조선 농민들의 삶을 더욱 어렵게 만들었다. 또한 일제는 청결 검사나 위생 사업 등 문명의 이름으로 조선 농민들의 일상생활을 간섭하고 조직적인 통제와 감시의 손길을 뻗어나갔다.

일제는 이러한 폭력적인 식민통치를 '문명' 이데올로기로 정당화시켰다. 1915년 9월 11일부터 50일 동안 경복궁에서 개최된 '시정 5주년 기념 물산공진회'는 일제의 문명 이데올로기 전파를 가장 잘 보여주는 대표적인 행사였다. 일제는 조선을 강점한 이후 설립한 근대적 공장, 철도와 신작로, 신식 학교, 신식 농법 등의 홍보물로 물산공진회 전시장 내부를 가득 채웠으며, 강제 병합 이전과 이후를 대조하는 방식으로 식민통치가 가져온 문명의 성과를 자랑하였다. 소설 『무정』의 주인공들이 주장하는 '진보'와 '문화사업' 속에는 1910년대 일제의 식민통치가 강조한 문명의 이데올로기가 고스란히 내재된 셈이다.

예제

1. 젊은 내외, 옥란, 일본 적십자 간호수, 일본군 의사

2. 일병과 청인의 싸움

3. 평양성 사람들의 피란

4. 청인에 대해서 "성중의 사람이 진저리내던", "그림자도 없이 다 쫓겨 나가던", "청인의 작폐", "청인의 군사가 산에 가서 젊은 부녀를 보면 겁탈하고, 돈이 있으면 뺏어 가고, 제게 쓸데없는 물건이라도 놀부의 심사같이 작란하니" 등으로 설명하고 있다. 반면 일병에 대해서는 일본군 의사의 말을 빌려, "만일 청인의 철환을 맞았으면 철환에 독한 약이 섞인지라 맞은 후에 하룻밤을 지냈으면 독기가 몸에 많이 퍼졌을 터이나, 옥련이 맞은 철환은 일본인의 철환이라 치료하기 대단히 쉽다"라고 설명하고 있다. 일병이 더욱 우호적으로 서술되었음을 확인할 수 있다. 일본에 대해서 우호적인 사람들, 문명 개화론자, 급진 개화파 등이 이런 관점을 가지고 있었을 것이다.

5. 청일전쟁

6. ① 사건 이후 조선이 독립국이 되었으니 일본에 대해 감사히 여길 법도 한데 조선 인민 중에 일본을 감사히 생각하는 사람이 없다고 평가하고 있다.

   ② 소설에서는 일본군에 대해 우호적으로 소개하고 있지만, 신문기사는 일본에 대해 부정적으로 평가하고 있다.

   ③ 다양한 일본들이 있을 수 있다, 소설의 일본군은 허구이다./청일전쟁 당시의 구체적인 역사자료들을 더욱 찾아볼 것이다.

7. ① 조선 민중에게 있어 침략전쟁 이외의 그 무엇도 아니었다고 평가하고 있다.

   ② 청군은 부정적으로, 일본군은 우호적으로만 묘사하고 있기 때문에 부정적으로 평가할 것이다. 일본군이 청일전쟁을 일으킨 침략적인 성격을 일부러 감추고 있기 때문에 부정적으로 평가할 것이다.

8. ① 이완용의 비서역, 한입합방의 막후 역할 등을 한 점

   ② 일본에 우호적인 자신의 관점으로 청일 전쟁을 서술한 점이 문제가 있다.

1. 몸이 약하고 머리가 미련한 사람들 또는 힘과 지식이 없으며 생활의 근거가 없는 사람들

2. 과학과 지식의 부족으로 인해 조선 사람들이 갈수록 빈곤해지고 있다고 생각하고 있다.

3. 교육과 실행을 통해 조선 사람들에게 과학과 지식을 전달할 수 있다면 빈곤 문제를 해결할 수 있다고 생각했다.

4. ① 조선인의 새로운 이념형, 즉 과학과 지식을 수용하여 근대 문명을 실천하는 인간상을 제시하고자 하였다.

   ② 1910년대 일제의 식민지가 된 조선에서 민족의 역량을 키워야 한다는 이러한 주장들을 한국근대사에서는 '실력양성론'이라고 하며, 이러한 주장을 펼친 이들을 '실력양성론자'로 부른다.

5. 소설 『무정』의 작가 이광수는 14세부터 일본에서 유학을 했으며, 20대에는 상하이, 블라디보스토크 등지에서 당대의 유명 인사들과 교류하기도 했다. 그는 제1차 세계대전 등의 세계사적 사건을 직접 경험했으며, 와세다 대학에서 공부하면서 근대 과학과 지식을 전문적으로 훈련받을 수 있는 기회를 가졌다. 1910년대 조선 지식인으로서 그가 쌓은 경험과 학문적 지식이 소설 『무정』에 잘 반영되어 제시되었다.

6. ① 소설 『무정』과 「민족개조론」에서 이광수는 조선 민족이 근대 문명에서 뒤떨어져서 피폐한 상황이 된 까닭이 '신지식'의 부족 때문이라는 공통된 인식을 보여주었다.

   ② 소설 『무정』에서 형식과 세 처녀들은 교육과 실행으로 조선인들의 삶을 바꿀 수 있다는 결연한 의지를 드러낸다. 교육과 실행을 통해 조선인의 삶을 스스로 변화시킬 수 있다는 인식이 드러나 있다고 할 수 있다. 반면 「민족개조론」에서 이광수는 조선의 상황이 각종 문화사업도 할 수 없을 만큼 쇠약해져서 오직 '민족개조' 외에는 그 해답이 없다고 주장하고 있다. 근대 신지식의 수용보다 그 전단계로서 민족성 개조가 더욱 강조되었다.

2부

시각자료

신문 시사만화

사진

그림

선전 포스터

지도

4

신문 시사만화

김은영 · 박지원 · 김보민 · 김정희

1. 신문 시사만화의 탄생

깨알 같은 글씨로 빼곡하게 채워진 신문지 한 귀퉁이에는 시사만화[1]가 그려져 있다. 신문 시사만화는 중요한 정치적 이슈를 익살스러운 그림과 촌철살인의 대사로 표현해낸다. 독자들은 긴 문장을 읽지 않더라도 짧은 시사만화를 보면 오늘의 정치적 이슈가 무엇인지 한눈에 알 수 있다. 더욱이 시사만화가 가진 가장 큰 힘은 '웃음'이라 할 수 있다. 고대 그리스의 철학자 아리스토텔레스가 인간을 '웃는 동물'이라고 표현했듯이, 인간은 심각한 상황을 비틀어 웃음을 만들 줄 아는 (아마도) 유일한 동물이다. 시사만화는 딱딱하고 엄숙한 정치적 · 사회적 이슈에 웃음을 불어넣어 새로운 관점에서 바라보게 만들어 준다. 이러한 시사만화의 풍자(satire)와 유머에 독자들은 한바탕 유쾌한 웃음을 터뜨리게 되고, 더

---

1   신문만화는 형식에 따라서 크게 캐리커처(caricature), 카툰(cartoon), 코믹 스트립스(comic strips 또는 comics)로 나뉜다. 캐리커처는 실재하는 인물의 특징을 과장해 익살스럽게 그린 인물 회화이고, 카툰은 사회 현실 및 세태를 풍자 · 비판하는 만화로 시사만화라고도 불린다. 한편 코믹 스트립스는 기승전결의 형식을 지니는 스토리를 특성으로 한 네 칸 이상의 만화로, 주로 사회 현실과는 무관한 흥미 위주의 소재를 다루는 편이다. 이 글에서 '시사만화'는 신문 또는 잡지 매체에 게재된 정치 · 사회 이슈를 다룬 만화로, 한 칸짜리 '만평'과 네 칸짜리 시사만화를 총칭하는 용어로 사용했다.

나아가 현재의 정치·사회 현안에 대한 안목과 통찰까지도 얻게 된다.

신문 시사만화의 역사는 근대 신문의 발전과 궤를 같이 한다. 18세기 중반 이래 영국·프랑스 등의 신문에는 실제 인물(특히 정치인)의 특징을 과장스럽게 묘사한 캐리커처(caricature)가 크게 유행했다. 영국의 시사만화 잡지 《펀치(Punch)》에서는 시사만화라는 의미가 담긴 '카툰(cartoon)'이라는 용어가 처음 등장하였으며, 이때 '카툰'은 매주 발행되는 신문 한 면 가득 실린 그림으로 당대 최신 정치 이슈에 대한 풍자를 담고 있었다.[2]

우리나라에서 신문 시사만화가 처음 등장한 것은 1909년 6월 2일 대한협회가 창간한 《대한민보》에서였다. 《대한민보》는 창간호부터 1면 제호 밑에 시사만평을 게재하였으며, 그 주요 주제는 민족정신 고취와 일제 침략에 대한 저항이었다. 《대한민보》 이후 한국의 시사만화는 무엇보다도 정치적 요인의 영향으로 그 성격과 내용에 큰 변화를 겪었다. 창작의 자유에 큰 영향을 미친 정치적 변화를 중심으로 한국 시사만화의 시기를 구분해보면 다음과 같이 정리할 수 있다.[3]

1) 초창기(1909. 6. 2 《대한민보》의 시사만평 ~ 1910. 8. 29 경술국치)

우리나라 최초로 《대한민보》 1면에 시사만화가 게재되기 시작했다. 당시 한국은 1905년 을사늑약으로 통감정치가 시작되면서 바람 앞의 촛불 같은 위태로운 상태에 놓여 있었고, 당시 많은 지식인들은 우리 국민이 문명개화하여 지식을 쌓고 힘을 길러야 일본의 침략 야욕에서 벗어날 수 있을 것이라고 생각했다. 《대한민보》의 창간 또한 그러한 취지에서 이루어졌으며, 항일의식과 민족정신을 국민들에게 더 효율적으로 고취시키기 위해 시사만화를 활용하였다. 대표적인 작가는 《대한민보》 창간호부터 1910년 8월 31일 폐간까지 시사만평을 그린 이도영(1884~1933)이 있다.

---

2   Frank Palmeri, "The Cartoon: the image as critique", *History Beyond the Text*, Routledge, 2009.
3   시대구분과 시기별 특징은 손상익, 「한국 신문시사만화사 연구」, 중앙대학교 박사학위 논문, 2004를 참조했다.

《대한민보》 창간호 삽화(1909.6.2).
내용은 대한민보(大韓民報)라는 신문 제목으로 일종의 4행
시를 지은 것이다. 문명개화를 상징하는 서양풍 복장의 남
자가 '대국의 간형'(시국의 흐름을 균형을 잡아 읽음), '한혼
의 단취'(한국혼의 단합), '민성의 기관'(국민의 목소리), '보도
의 이채'(다양한 보도)를 말하고 있는 내용이다. 《대한민보》
의 창간 취지와 역할을 잘 보여주는 만평이다.

2) 일제강점기(1910~1945)

조선총독부의 언론정책과 검열에 따라 신문 시사만화의 내용이 결정되었던 시기다. 몇
몇 지사적인 열정을 가진 시사만화작가의 등장으로 현실풍자 시사만화도 있었지만 전체
적으로 한국 시사만화의 암흑기에 해당한다. 이 시기의 대표적인 시사만화가로는 《동아
일보》에 '그림 이야기'를 연재한 김동성, 《조선일보》에 '만화만문(漫畵滿文)'을 연재한 안석
주, 김규택 등을 들 수 있다.

1920~30년대 이후 일제의 사상 검열이 강화되면서 정치 풍자 시사만화 대신에 일상생
활을 소재로 하여 은유적으로 식민지 현실을 비판하는 만문(漫文)만화가[4] 등장하게 되었
다. 그 당시 대표적인 만문만화로 안석주가 그린 '모던 걸의 장신운동'이라는 작품을 보

---

4 만문만화는 1920~30년대 발간된 신문과 잡지 등에 실린 만화의 한 형태를 뜻하는데, 1930년 조선일보의 안석
   주가 "1930년을 회고하거나 1931년의 전망이나 시사, 시대, 풍조를 소재로 하되 글은 1행 14자 50행 이내"의
   만화를 공모하면서 명칭이 생겨났다(네이버캐스트, 한국미술 산책, '일제시대 만문만화' 참조).

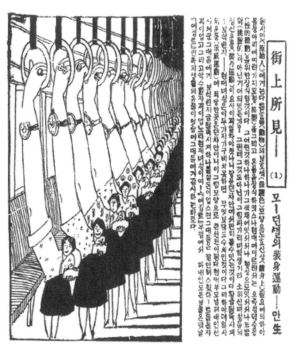

잡지 《신문춘추》에 게재된 안석주의 '모던 걸의 장신운동'(1927)

자. 이 만화를 보면 전차 안의 자리가 모두 비어있음에도 불구하고 여성들은 모두 서서 손잡이를 잡고 있다. 그리고 얼굴에 비해 팔과 손이 비대하게 과장되어 있다. 자신의 팔목에 걸친 시계와 손가락에 끼워진 반지를 자랑하기 위해 자리에 앉지 않고 일부러 서서 손잡이를 잡아 허영심을 충족하고 있는 것이다. 작가는 이렇게 일부러 서서 가는 여성들의 행태를 '장신운동'이라고 비꼬고 있다. 일제를 통한 서구 문물 유입과 근대화, 자본주의화가 진행되어가는 가운데 '신여성', '모던걸'이 등장하면서 전통적 가치관과 충돌을 빚었던 당시의 혼란한 사회상을 반영하고 있는 만평이다.

3) 해방공간(1945~1950)

좌우의 이데올로기가 첨예하게 대립했던 시기였다. 해방과 함께 미군정이 들어섰던 남한은 사회주의 단일 체제를 급속하게 구축했던 북한과는 달리 한동안 좌우 이념대립의 양상을 띠었다. 해방공간에서 활동했던 대표적인 신문 시사만화가로는 《서울신문》, 《민보》, 《대동신문》, 《자유신문》 등에 작품을 연재했던 김용환을 비롯하여, 《조선일보》의 김규택이나 좌익계열의 정현웅 등을 들 수 있다.

4) 제1공화국~제5공화국(1950년~1987년)

제1~2 공화국 시기(1950~60년)에는 자유당 정권의 부침과 독재로 인해 한국의 신문시사만화가 정치 풍자만화로 확고하게 자리매김한 시기이다. 이 시기의 대표적 만화가로는 「고바우 영감」으로 한국 신문만화 사상 최장기 연재 기록을 세운 김성환, 《세계일보》에서 활동한 신동헌을 꼽을 수 있다.

한편 제3~5공화국 시기(1961~1987)는 군부의 언론 탄압이 극에 달했던 시기로, 한국의 시사만화가 정부에 길들여지게 된 시기이다. 이 시기의 대표적 만화가로는 《서울신문》에서 활동한 신능파, 《경향신문》에서 활동한 김판국, 「두꺼비」를 연재한 안의섭 등을 들 수 있다. 정치적 상황을 빗대어 풍자하는 시사만화의 속성으로 인해 독재정권 치하에서 김성환, 안의섭 등이 탄압을 받기도 했다.

5) 민주화이행 시기(1987~현재)

신문 시사만화가 권력의 직접통제라는 외부탄압 요인에서 벗어났지만, 새롭게 부각된 상업신문의 경쟁적 환경과 자사 이기주의, 보수와 진보 간 이데올로기 갈등이 드러나고 있다. 대표적 시사만화가로는 《동아일보》에 「나대로 선생」을 연재한 이홍우, 《한겨레신문》에서 활동한 박재동과 《경향신문》에서 활동한 김상택을 들 수 있다.

2. 신문 시사만화 활용하기

시사만화는 역사를 배우고 가르치는 데 크게 도움이 되는 것으로 평가받고 있다. 우선 내용 면에서 살펴보면, 시사만화는 그것이 그려질 당시의 사회현상이나 모순에 대한 비판을 주요 소재로 하기 때문에 당시의 사회상이 깊이 반영되어 있다. 따라서 당시에 발생한 특정 사건이나 인물의 행동에 대한 동시대인들의 반응이나 의견, 코멘트 등을 가장 직접적으로 보여주는 훌륭한 자료가 된다. 즉 시사만화는 그것이 그려진 시대와 사회의 모습을 잘 반영하고 있기 때문에 우리가 직접 경험할 수 없는 과거의 사회를 간접적으로 엿볼 수 있게 해주는 하나의 사료로서의 성격을 뚜렷하게 지녔다. 특히 시사만화에는 어떠한 사건이나 인물에 대한 만화가(혹은 신문사)의 주관적 인식과 견해가 분명하게 드러나기 때문에, 서로의 관점을 파악하고 비판적으로 접근하는 훈련을 하기에 용이하다. 나아가 하나의 역사적 사실을 다룬 여러 시사만화를 비교함으로써 역사적 사실은 관점에 따라서 다양하게 해석될 수 있다는 역사 지식의 고유한 특징을 이해하는 데도 도움이 될 것이다.

형식 면에서도 시사만화는 그림과 글의 복합체로서 글만으로는 분명히 밝힐 수 없는 내용을 구체적인 그림으로 보여주고, 그림만 사용했을 때의 어려움을 글로 풀어주는 등 글과 그림의 한계를 서로 보완하며 내용의 이해를 돕는다. 게다가 일상생활 속에서 쓰이는 쉬운 문장과 재미있는 그림으로 표현되기 때문에 사람들에게 친숙하게 다가갈 수 있다. 즉 만화라는 형식을 통해서 내용을 보다 더 재미있고 알기 쉽게 전달할 뿐만 아니라, 그것에 대한 뚜렷한 심상을 형성하여 기억을 오래 지속되게 하는 것이다. 그래서 그림과 글이 결합된 시사만화는 학생들에게 상당한 설득력을 가진 이야기가 될 수 있다.

이처럼 시사만화는 내용과 형식에서 그 어떤 것보다 학생들이 쉽게 접근할 수 있는 사료이기 때문에 역사학습을 하는 데 매우 유용한 자료이다. 시사만화를 사료로서 역사학습에 활용하는 것은 문자 자료를 중심으로 이루어져왔던 기존 사료학습의 문제점을 보완하면서 학습자들의 역사에 대한 흥미와 관심을 증진시키고 역사적 사고력을 증진시키는 데에도 효과적일 것으로 생각된다.

하지만 시사만화를 사료로서 역사학습에 활용할 때 세심한 주의가 필요하다. 첫째, 역사학습자료로서 갖는 시사만화의 유용성은 자칫하면 역사 이해를 방해할 수도 있다. 즉 시사만화의 내용과 어조에는 저자(또는 신문사)의 입장뿐만 아니라 정부의 언론 정책 등 발행 당시의 정치적 분위기도 영향을 끼칠 수 있기 때문에 당대의 사회상에 대한 정보가 사전에 제공되어야 한다.[5]

둘째, 시사만화가 매체로서 갖는 특징을 이해하고 있어야 한다. 상징·과장·왜곡·캐리커처·유머·아이러니 같은 시사만화에서 사용되는 기법에 대해 미리 알려주어야 시사만화를 제대로 이해할 수 있다.[6] 이와 함께 한 칸짜리 시사만평과 네 칸짜리 시사만화의 차이도 알아야 한다. 시사만평은 한 칸에 표현하고자 하는 것을 모두 나타내야 하기 때문에 그림으로 주된 메시지를 전달하고 문자는 그림을 보완하는 데 이용된다. 반면 네 칸짜리 시사만화는 기승전결 구조를 가질 수 있기 때문에 메시지 전달은 문자에 의존하면서 그림은 문자를 채우는 역할을 하거나 문자의 일부를 형상화하는 등 보조적 역할을 한다.[7] 이와 같이 시사만화에 대해 전반적으로 이해하고 있어야 비로소 하나의 사료로서 시사만화를 효과적으로 읽어낼 수 있을 것이다.

---

5 박영신, 「역사수업자료로서의 시사만화 연구」, 이화여자대학교 교육대학원 석사학위 논문, 2004, 14~17쪽.
6 시사만화에 사용되는 기법에는 다음과 같은 것들이 있다(위의 논문, 16쪽).

기법	정의
상징	무언가를 의미하는 대상물 → 비둘기: 평화의 상징
과장·왜곡	강약이나 중요성, 위험성, 권력관계 등을 보다 명확하게 나타나기 위해서 대상들의 크기를 과장하거나 잘못 그려내는 기법
캐리커처	사람이나 사물을 그려낼 때 그것이 지닌 가장 대표적인 특징을 고르고 그 외의 부분은 생략하여 그려내는 기법
아이러니	강한 긍정을 위해 실제와 반대되게 나타내는 기법

7 손세모돌, 「한 칸 만평과 네 칸 시사만화 비교 연구」, 《국제어문》 44, 국제어문학회, 2008.

3. 탐구문항 만들기

1) 신문 시사만화 선정

현재 신문의 시사만화를 교육적 활용을 목적으로 DB화하는 작업은 이루어지지 않았다. 또한 《조선일보》, 《동아일보》를 제외한 나머지 신문들은 디지털화 작업이 이루어지지 않아서 수업에 활용하기 위해서 앞에서 나열한 신문들의 시사만화를 분류하고 선정하는 작업은 쉬운 일이 아니다. 또한 적절한 내용을 담고 있는 자료라고 하더라도 자료의 보전 상태가 좋지 않아 내용을 파악하기에는 무리가 있다. 교사가 손쉽게 구할 수 있고 학생들이 알아볼 수 있을 정도의 해상도로 제공할 수 있는 시사만화 중에서 몇 가지 기준을 가지고 예제의 자료를 선정하였다. 그 기준을 제시하면 다음과 같다.[8]

첫째, 당대에 제작되고 당대의 상황을 반영한 것이어야 한다.

둘째, 학생들의 능력과 발달 단계에 맞는 것이어야 한다.

셋째, 시대 상황과 역사적 사실들이 구체적으로 잘 드러나는 것이어야 한다.

넷째, 작가와 제작시기 및 게재지가 분명한 것이어야 한다.

단, 시기적 특성으로 일제에 대한 강도 높은 비판을 담은 시사만화는 작자 미상의 경우가 많다. 전달하고자 하는 작가의 생각이 당시 시대상황과 역사적 사실을 구체적으로 잘 보여주는 것이라면 작자 미상일지라도 선정할 수 있다.

---

8 한편, 외국의 시사만화를 이용한 세계사 수업 모형을 개발했던 연구에서 적용한 시사만화의 선정기준은 다음과 같다(이종경·박영신, 「역사수업자료로서의 시사만화 연구」, 《교과교육학연구》 8-3, 이화여자대학교 사범대학 교과교육연구소, 2005, 334쪽).

선정기준	내용
목표	역사적 사실을 객관적으로 인식시키고 역사적 능력을 키울 수 있는 만화
내용	세계사 교과서의 교육내용과 관련된 만화
능력과 발달성	기법과 배경지식, 문자와 그림이 적절하게 복합된 만화
가치의 증명	미국학교 역사수업 채택 여부, 권위 있는 학술지 게재 여부, 퓰리처상 수상 여부
출처	시기와 작자 및 출처가 분명한 만화
정확도	번역의 정확성

대한제국 시기까지 한국은 외세의 위협 속에서도 꿋꿋이 나라를 지켜왔으나, 1904년 러일전쟁에서 이긴 일본에 의해 본격적으로 침략을 받으면서 앞날에 어두운 그림자가 드리워지게 되었다. 1905년 강제로 을사늑약이 체결되면서 통감부가 설치되고 한국의 외교권은 박탈당했다. 일본의 노회한 거물 정치가였던 이토 히로부미는 초대 통감으로 한국에 부임하여 한국의 식민지화 작업을 본격적으로 진행해갔다. 일본의 침략에 저항하고 국권을 회복하려는 우리민족의 강렬한 의지에서 등장한 것이 이른바 '애국계몽운동'이다. 개화자강론(문명개화하여 힘을 기르자)을 바탕으로 지식인 선각자들은 대한자강회 등 여러 애국계몽단체를 세워 우리 국민들에게 문명을 알게 하고 교육과 산업으로 실력을 기르도록 독려했다. 이때 근대 인쇄업의 발전을 토대로 다양한 신문, 잡지, 서적 등이 만들어졌다. 그런데 헤이그 특사 사건을 구실로 고종이 강제 퇴위당하고 군대가 해산된 1907년 일제는 '신문지법'과 '보안법'을 공포하여 한국의 애국계몽단체와 언론에 대한 탄압을 강화했다. 이때 강제 해산된 대한자강회의 뒤를 이어 설립된 대한협회(1907.11)는 합법적 애국계몽운동단체로 설립되어 주로 '교육 보급, 산업 개발' 등을 내세운 국민계몽활동을 했다. 한편, 국권회복이라는 본래의 목표를 유지한 애국계몽운동 단체로는 비밀결사였던 신민회(1907.4)를 들 수 있는데, 신민회는 신문잡지 발행 및 강연을 통한 문명개화의 전파 외에도 독립전쟁을 할 수 있는 '실력'이 필요하다고 보아 해외 독립군 기지 건설을 추진했다.

애국계몽운동의 성격에 대해서는 상반된 주장이 있다. 한편에서는 개화자강론이 제국주의에 대해 올바르게 인식하고 있었고, 국민과 민중을 새롭게 발견하여 제국주의 침략을 격퇴하고 국권회복운동을 전개할 수 있는 논리적 바탕으로 발전할 수 있었다고 보는 견해가 있다. 반면, 개화자강론의 이념적 기반인 사회진화론의 이면에는 강자의 약자에 대한 지배와 착취, 제국주의 침략을 긍정하는 논리가 있다는 점을 중시하는 견해도 있다.

다음 시사만화가 게재된 《대한민보》는 대한협회의 기관지로, 애국계몽운동이 지향한 '실력양성'이 무엇인지 잘 보여준다.

자료 1 "그만 자고 어서 깨라"

출처: 《대한민보》 1909.6.20

자료 2 "문명적 진군"

출처: 《대한민보》 1909.6.24

2) 문항 만들기

실제 수업 현장에서 시사만화를 사료로 활용하여 학생들이 시사만화의 내용을 제대로 읽어내게 하기 위해서는 충분한 배경지식과 단계적 질문을 갖춘 분석지가 필요하다. 시사만화에 대한 단계별 접근을 활용하여 분석지를 만든 선례[9]를 참고하여, 다음과 같은 단계를 제시하고자 한다.

---

9 박미경, 「만화를 활용한 효율적인 역사수업방안-실업계 고등학교 사례를 중심으로-」, 경상대학교 교육대학원 석사학위 논문, 2001; 이자영, 「역사학습에서의 만화자료 활용」, 이화여자대학교 교육대학원 석사학위 논문, 2001; 박영신, 「역사수업자료로서의 시사만화 연구」, 이화여자대학교 교육대학원 석사학위 논문, 2004; 이성희, 「시사만화를 활용한 세계사 수업의 방안과 실제」, 경북대학교 교육대학원 석사학위 논문, 2008 등을 참조하였다.

■ 1단계 : 대면하기

• 지적 호기심을 갖고 만화와 만나는 것

• 만화에 대해 직관적으로 관찰하는 것

• 시사만화의 구성요소를 확인하는 것

• 그림기호와 언어기호를 파악하는 것

• 그림기호, 언어기호의 내포적 의미를 파악하는 것

• 생략과 상징으로 표현된 구성요소의 숨겨진 의미를 찾는 것

• 배경지식을 이용하는 것

• 시사만화의 외적 요인을 통한 읽기

문항 1.   자료 1의 등장인물은 어떤 복장을 하고 어떤 행동을 하고 있습니까?

문항 2.   자료 1의 왼쪽 사람은 오른쪽 사람에게 무엇이라 말하고 있습니까?

문항 3.   자료 1의 등장인물이 상징하는 것은 무엇입니까?

문항 4.   자료 2의 등장인물은 어떤 복장을 하고, 무엇을 하고 있습니까?

문항 5.   자료 2의 제목은 무엇입니까?

■ 2단계 : 추론하기

• 만화가 전달하려는 주제와 역사적 상황을 파악하는 것

• 압축·생략된 부분을 추론해내는 사고 작용

• 만화가의 관점과 의견 파악

• 만화가의 처지가 숨어 있는지 파악

• 능동적인 읽기

문항 6. 문항 3의 답을 고려하여 만화가가 그림을 통해 말하고자 하는 것은 무엇입니까?

문항 7. 자료 2의 제목을 고려하여 자료 2를 통해 만화가가 전달하고자 하는 메시지를 추론해봅시다.

문항 8. 자료 1, 자료 2가 실린 《대한민보》는 한말 애국계몽운동 단체였던 대한협회의 기관지였다. 자료 1, 자료 2를 통해 애국계몽운동이 추구하는 목표를 추론해 봅시다.

■ 3단계 : 검증하기
- 자료에 대한 평가
- 만화의 신뢰성, 타당성 검증하기
- 만화가 의도한 기호체계를 해독해서 자신의 사고로 구성하는 것
- 만화와 상호작용하는 것
- 비판적 역사 읽기

문항 9. 자료 1, 자료 2를 통해 한말 애국계몽운동의 성격을 평가해봅시다.

자료 1 「고바우 영감」

출처: 《동아일보》 1958.1.23

서울시경 사찰과에서는 지난 24일 하오(下午)부터 본보 4면에 연재중인 만화 「고바우 영감」의 작가 김성환 씨를 소환, 심문 중에 있는데 경찰은 금명간* 김 씨를 입건할 것이라 한다. 경찰에서는 김 씨를 소환 심문하게 된 것은 지난 23일자 「고바우 영감」 만화란에 게재된 내용이 '불순'하기 때문이라는 것인데, 27일 서울시경 국장은 '경범법'* 위반으로 입건할 것을 시사하였다. 그런데 신문만화가 본시 사회풍자를 지향하는데다가 '만화' 자체가 과장된 표현을 사용하는 것인데도 이를 악의적으로 곡해하고 수사기관에서 입건하려는 태도를 보이고 있는 점이 다가오는 선거를 앞두고 특히 주목되고 있는데, 이에 대하여 작가 김 씨는 "어디까지나 사회의 어지러운 현상을 풍자한 것이지, 경무대를 모욕할 의사는 추호도 없는 것이며 또 결과적으로 모욕이 됐다고 생각하지 않는다"라고 그 표현 심정을 말하고 있다.

* 금명(今明)간: 오늘 내일 사이로
* 경범법: 1954년 제정된 법으로, 출판물 부당게재, 업무방해, 불안감 조성, 소란, 과다노출, 장난전화 등 비교적 죄질이 가벼운 범죄에 대해 처벌하는 법

본보 4면에 연재중인 만화 「고바우 영감」의 지난 23일자 내용이 경무대를 모욕하였다고 하여 경범법 제1조 9항(타인의 사사에 관하여 신문에 허위사실을 게재)을 적용시켜 과료 450환에 처한 즉결심판에 대하여 사회각계에서는 상식 이하의 처사라고 조소와 함께 비난성이 비등하고 있는데, 이에 대하여 29일 서울지법 박한경(朴漢璟) 원장도 그것이 자기의 부하 직원의 이름으로 된 것인 만큼 "미안하게 생각한다"라고 유감의 뜻을 표명하였다.

■ 1단계 : 대면하기

문항 1. 만화에 등장하는 사람은 몇 명입니까?

문항 2. 만화에 등장하는 인물은 무엇을 하고 있고 있습니까?

문항 3. 자료로 보아 등장하는 인물의 직업은 무엇입니까?

문항 4. 만화가 게재될 당시의 사회 상황은 어떠했습니까?

문항 5.   만화에서 똥이 상징하는 것은 무엇일까요?

■ 2단계 : 추론하기

문항 6.   만화에서 '귀하신 몸', '어른'으로 지칭되는 사람은 누구인가요?   그가 이렇게
          불리는 이유는 무엇인가요?

문항 7.   만화가가 똥 치우는 사람을 주인공으로 그린 이유는 무엇일까요?

■ 3단계 : 검증하기

문항 8.   만화를 바라보는 만화가의 입장과 서울 시경의 입장은 어떻게 다릅니까?

문항 9.   만화가는 결국 어떻게 되었나요? 이를 통해 알 수 있는 당시의 사회 분위기는
          어떤가요?

◉ 시대배경과 문항해설

　　1945년 광복을 맞은 우리민족은 좌우 이념 대립의 소용돌이에 휘말려 남북 분단 상황을
맞이하고 말았다. 1948년 남한과 북한에 각각 단독정부가 수립되면서 남북 갈등의 골이 깊
어져갔고, 미국과 소련의 양진영으로 나뉜 냉전 체제 하에서 1950년 6·25 전쟁이 발발하
면서 분단 현실은 공고해졌다.

　　남한에서는 대한민국 정부가 수립되었다. 초대 대통령 이승만은 6·25 전쟁의 혼란 중
에서 집권체제를 강화하면서 독재정권으로 나아가게 되었다. 전쟁 중인 1952년 제2대 대통
령 선거에서 대통령직선제를 골자로 한 발췌개헌안을 통과시키고 대통령에 당선되었으며,
1954년에는 '초대 대통령에 한하여 중임 제한을 철폐한다'는 내용의 개헌안('사사오입 개헌')
으로 통과시키며 권력을 강화했다.[10]

---

10 변태섭, 『한국사통론』, 삼영사, 1996, 485~486쪽.

이 시기 독재체제가 강화되면서 정부에 비판적인 언론도 제재를 받았다. 한국 시사만화 사상 최초의 필화사건으로 일컬어지는 것은 1958년 1월 23일자 《동아일보》의 '고바우 영감' 이었다. 김성환 화백의 이 만화는 '경무대(청와대의 이전 명칭)를 모독하고 신문에 허위사실을 게재했다'는 이유로 작가가 경찰당국에 입건되어 사흘간의 문초를 받고 즉결 심판에 회부 되었던 사건이었다.[11]

세칭 '경무대 똥통사건'으로 일컬어졌던 이 만화는 당시 사회의 지탄의 대상이 되었던 "빽" 만능 세태를 풍자한 것으로, 그 전년도에 세간을 떠들썩하게 했던 이강석 사칭 사건을 빗댄 것이었다. 1957년, 이승만 대통령의 양아들 이강석을 사칭한 사기꾼이 각지의 관공서 등을 돌며 고관대작과 재벌에게 극진한 대접을 받았던 소위 '귀하신 몸' 사건이 벌어졌다. 가짜 이강석은 재판정에서 "이강석이 서울 명동 파출소에서 헌병의 뺨을 때리고 행패를 부렸는데도 아무런 처벌을 받지 않았다. 이강석이라고 하면 뭐든지 해결이 될 것이라고 생각했다"고 말했는데, 당시 대통령 일가가 얼마나 무소불위의 권력을 누렸는지 보여준다.

◎ 답안 예시

예제

1. 왼쪽 사람: 머리는 단발을 하고 콧수염을 길렀으며 서양식 복장을 하고 손에는 회초리를 들고 누워 있는 사람을 꾸짖고 있다.
   오른쪽 사람: 머리에 상투를 틀고 한복을 입고 있으며 바닥에 누워 팔을 괴고 잠을 자고 있다.
2. 그만 자고 어서 깨라.
3. 왼쪽 사람은 선진문물을 받아들여 개화한 지식인을 상징하며, 오른쪽의 사람은 개화되지 못한 우리 민족을 상징한다.
4. 학생 모자에 교복을 입은 학생들이 총이 아니라 붓을 들고 행진을 하고 있다.

---

11 이성영, 「필화사건을 일으킨 시사만화들(1) 고바우 김성환 화백」, 뉴스툰 http://www.newstoon.net

5. 문명적 진군

6. 그만 게으름에서 벗어나 외세를 자각하고, 외국의 선진문물을 수용하여 개화하자.

7. 문명화된 많은 지식인들이 군대적 위용을 갖추고 힘을 모아야만 이 난국을 헤쳐 나 갈 수 있다.

8. 게으른 우리 민족을 교육을 통해 계몽시키고, 지식인을 양성하고 문명화하여 국권 을 회복한다.

9. 서구화·문명화되지 않은 우리 민족의 모습을 무지몽매함·미개함으로 파악하고, 우리 민족도 문명개화해야 한다고 보았으며, 총·칼보다는 교육·산업 진흥을 통한 실력 양성을 강조했다.

유제

1. 해설자인 고바우와 주인공 3명

2. 똥 지게를 지고 움직이고 있으며, 한 사람에게 인사를 하고 있다.

3. 똥을 치우는 사람

4. 이승만의 자유당 정권의 막바지시기로 권위주의적인 사회 분위기가 만연하였다.

5. 하찮은 것

6. 귀하신 몸, 어른: 경무대에서 똥을 치우는 사람

   이유: 대통령이 사는 경무대에서 일을 하는 사람이기 때문에 대우를 받는다.

7. 똥조차도 경무대의 것을 치우는 사람이 대우 받는 것으로 묘사하여 '빽'이 중요하게 여겨지는 것을 극단적으로 보여주기 위해서이다.

8. 만화가: 개인의 능력보다 '빽'이 출세에 영향을 미치는 사회 풍조, 대통령 측근의 권 력 등을 풍자하는 것이다.

   서울시경의 입장: 허위 사실로 대통령과 경무대, 정부 전체를 모욕하는 만화이다.

9. 경범법 위반으로 벌금형에 처해졌다. 대통령이나 국가기관에 대한 풍자가 쉽게 용 납되지 않을 만큼 언론의 자유가 제한적이었다.

사진

김태웅 · 정진숙 · 이선숙

1. 기억의 이미지, 사진

과거에 어떤 일이 있었는지 떠올리려고 해도 잘 생각나지 않아 당황스러울 때가 가끔 있다. 시간이 흘러 기억 저편으로 묻혀버렸기 때문이다. 잃어버린 기억의 실마리를 찾으려 앨범을 뒤져 보고나서야 그때 그 순간이 떠올라 빙그레 미소 짓게 된다. 사진에는 우리가 살아왔던 삶의 생생한 흔적이 고스란히 담겨 있는 것이다. 그래서 우리는 늘 사진을 찍어 아름다운 추억이나 중요한 사건의 증거로 남기려고 한다.

사진이 과거에도 오늘날과 같이 흔한 것은 아니었다. 인화 작업 역시 전문적인 기술과 비싼 비용이 수반되었으니 사진은 부자들만의 향유품이었다. 일반 서민은 돌잔치 같은 특별행사 때나 자신의 신분 증명을 위해 딱딱한 분위기의 단독 사진을 찍어 관공서에 제출할 때에나 사진을 찍었다.

사진은 이처럼 귀하디귀한 근대의 신 발명품이었지만 기술이 발달하고 각종 비용이 저렴해지면서 빠른 속도로 대중화되었다. 그 결과 사진은 역사적 사건이나 개인의 초상을 그린 회화가 가졌던 기록 매체로서의 위상을 무너뜨리고 그 자리를 차지하게 되었다. 심지어 오늘날 디지털 혁명의 시대가 도래하면서 일반 대중들도 소비자인 피사체의 지위에서 벗어나 생산자인 촬영자의 지위로 옮아가고 있다. 또한 역사가들도 연구의 범위와 대상을 넓혀가는 가운데 도시사를 비롯하여 문화사 등에 관심을 기울이면서 문자 기록을 넘어 시각매체 기록에도 주목하기 시작하였다.

그리하여 근래에 우리 주변에서도 낡고 오래된 사진들이 발굴되거나 사진집에 실려 일반 대중들에게 공개되고 있다. 이들 사진은 창작보다는 기록에 중점을 두고 있어 기존에 문자자료에 의거한 역사연구의 공백들을 채울뿐더러 새로운 영역을 개척하는 촉매 구실을 하고 있다. 즉 이들 사진은 인물 연구는 물론 당시의 복식, 건축, 도시시설, 농촌경관 등과 함께 일상생활 연구에 전거 자료로 활용된다. 더욱이 디지털 기술의 발달과 인터넷의 광범한 보급에 힘입어 복제와 유통이 용이해짐으로써 활용의 대상이 많아지고 범위가 넓어지고 있다.

한편, 시각매체가 발달하는 가운데 학생과 일반 대중들의 시각매체에 대한 관심이 폭발적으로 높아지면서 근래에 문자 위주로 구성된 교재의 비중은 줄어든 반면 사진이 대폭 수록된 교재들이 증가하고 있다. 이 중 청소년들의 사진에 대한 선호도가 다른 세대의 선호도보다 훨씬 높기 때문에 사진이 학습에 미치는 효과는 더욱 크다. 특히 이러한 경향은 언어적 매체에 가장 많이 의존하는 역사연구와 역사교육도 마찬가지여서 국사 개설서와 교과서 등의 교재에 사진이 대거 수록되고 있다.[1]

하지만 대다수 사람들은 교재에 수록된 사진들이 다른 예술 사진 작품과 달리 전거가 분명하지 않을뿐더러 설명문(이른바 캡션)이 부실하고 정확하지 못해 신뢰도에 의문이 제기될 수 있다는 점을 간과하고 있다.[2] 아울러 사진 역시 역사 편찬과 마찬가지로 촬영자의 의도가 개입되고 시선이 관통하고 있어 해당 사진에 대한 비판이 수반되어야 한다는

---

1   사진과 그림을 활용한 국사 개설서로서 최초의 책은 1993년에 출간된 『사진과 그림으로 보는 한국의 역사』(웅진) 시리즈였다. 이후 『사진과 그림으로 보는 북한 현대사』(2004)와 『사진과 그림으로 보는 한국 현대사』(2005)가 출간되었다. 아울러 1993년 이래 '사진과 그림으로 보는' 시리즈는 동양사와 서양사의 경우에도 빈번하게 출간되었다.
2   최근에 아이리스 창의 『난징의 능욕』에 게재된 사진을 둘러싼 논란에서 볼 수 있듯이 사진 신뢰도 문제는 일본 극우 정치 세력이 일본군의 난징 학살을 부인하는 근거로 비화하기도 하였다. 이에 관해서는 테사 모리스-스즈키, 김경원 역, 『우리 안의 과거-렌즈에 비친 그림자: 사진이라는 기억』, 휴머니스트, 2006, 107~112쪽 참조.

점도 애써 무시하고 있다. 왜냐하면 사진은 생생하고 극적인 데다가 사실을 재현하고 존재를 증명할 수 있다는 이른바 태생적 객관(胎生的 客觀)을 지녔다고 확신하기 때문이다.[3] 흔히 "사진은 거짓말을 하지 않는다"라는 문구는 이를 단적으로 말해준다. 그리하여 역사의 객관성을 부정할 수 있을지언정 사진의 증거 능력을 의심하지 않는다.

따라서 일각에서는 이러한 전제 위에서 문자 텍스트의 가독성(可讀性)을 높이고 역사 현장을 생생하게 전달함으로써 학습자들의 학습의욕을 유발시키고 이해도를 향상시킬 수 있다고 주장한다.[4] 이에 일부 교재의 저자와 출판사 편집진은 해당 내용을 장식해줄 관련 사진을 찾는 데 진력하는 한편 현장 교사들 역시 수록 사진의 증거 능력과 역사적 맥락을 고려하지 않은 채 학생들에게 시각적으로 주의를 끌기 위한 자료 또는 교사의 설명을 대신하는 자료로 활용하고 있다.

그러나 역사 사진에 대한 이러한 무비판적이고 맹목적인 접근은 많은 문제를 야기하였다. 가까운 예로 〈사진 1〉이 여러 개설서에 수록되었으며 개인 홈페이지에도 실렸다. 심지어는 학생들이 학교에서 배우는 중등학교 교과서에도 버젓이 수록되었다.

그러나 이 낙서는 조선총련 산하단체인 재일본조선문학예술가동맹이 한일수교에 대한 반대운동의 일환으로 1965년에 제작한 영화 〈을사년의 매국노〉를 촬영하는 가운데 연출된 것이다. 즉 제작진 4명이 강제연행의 흔적을 담기 위해 치쿠호 탄광촌의 폐허로 변해버린 징용공 합숙소에서 현장을 촬영할 때, 이들 일행 중 녹음을 담당한 여성이 나뭇가지를 꺾어 벽에 문제의 낙서를 새겼다. 위조 사실을 상세히 밝힌 《서일본신문(西日本新聞)》의 취재에 대해, 영화 제작진 가운데 한 사람은 당시 폐허가 된 합숙소에서 촬영할 것이 없어서, 제작진이 모두 합의하여 낙서를 새기도록

사진 1

---

3 이에 관해서는 테사 모리스-스즈키, 앞의 책, 112쪽과 이경민, 『제국의 렌즈』, 산책자, 2010, 113쪽 참조.

4 역사 교과서에서 삽화의 일종이라 할 사진의 교육적 효과에 관해서는 지모선, 「역사 교과서 제2차 세계대전 삽화 자료 비교 분석―한·중·일·미·독 교과서를 중심으로」, 《역사교육연구》 9, 한국역사교육학회, 2009 참조.

사진 2

+자 완장을 찬 위생병마저 페퍼포그 차량 앞에서 저항의지도 없는 학생을 곤봉으로 힘껏 내려치고 있다. 1980. 5. 19. 나경택. 출처: 5·18기념재단

했으며, 부드러운 필체로 하기 위해 여성에게 쓰도록 했다는 사실을 자백했다.[5] 그 결과 내용의 신뢰도는 물론 역사 교재 자체의 신뢰도를 추락시키면서 일본 극우파의 비판 대상이 되었다.

한편, 일부 사진의 이러한 조작과 이미지 왜곡에도 불구하고 대부분의 사진은 생생한 사건 현장을 전함으로써 문자 자료가 증명할 수 없는 은폐되거나 왜곡된 역사의 진실을 전해준다. 나아가 이러한 사진은 많은 이들에게 공감을 불러일으키거나 분노를 끌어내 새로운 시대를 열어가는 결정적 증거가 되기도 한다. 〈사진 2〉는 1980년 5월 광주에서 《동아일보》 나경택 기자가 찍은 사진으로 민주화운동 시기에 계엄군이 불가항력의 한 시

---

5 金光烈, 『足で見た筑豊: 朝鮮人炭鑛勞動の記錄』, 2004, 130~150쪽(최영호, 「강제징용 조선인 노동자 낙서는 연출된 것」, 《한일시평》 84, 2005년 11월 22일에서 재인용).

민을 곤봉으로 무자비하게 후려치는 장면이다.

당시 신군부가 언론을 장악하여 철저하게 보도를 통제할뿐더러 왜곡된 선전을 통해 광주민주화운동의 진실을 은폐하거나 날조하던 때였다. 더욱이 광주 시민들이 계엄군의 만행과 언론의 왜곡 보도에 항의하여 MBC와 KBS 지국을 방화하자 신군부는 광주 시민들을 폭도로 몰거나 '불순 인물'과 '고첩(고정간첩)'들이 '광주 소요'의 배후 조종자라고 날조하면서 폭력 진압의 정당성을 선전하였다. 따라서 이러한 사진 촬영이 이루어지지 않았다면 신군부가 벌인 만행은 영원히 은폐되고 오로지 신군부의 거짓 주장만 역사적 진실이 되었을 것이다.

그러나 기자의 진실에 대한 열정과 피나는 노력으로 이러한 사진이 후일 공개되면서 해외는 물론 검열과 보도 통제에 갇혀 있었던 국내에서도 광주민주화운동의 진실을 알게 되었다. 나아가 이 사진은 1988년 5·18 광주민주화운동 진상조사 특별위원회에서 이 운동을 일부 불순분자와 폭도들에 의한 난동이 아니라 신군부의 쿠데타와 무력 탄압에 맞서서 일어난 광주시민들의 민주화운동으로 규정할 수 있는 결정적 증거 자료가 되었다.

이처럼 기록사진은 사건의 현장을 생생하게 전달할뿐더러 사건의 진상을 규명하는 데 결정적인 증거자료이다. 따라서 역사수업에서 사진을 활용하면 학생들의 흥미를 유발하고, 문자자료를 보완하여 역사 현장을 생생하게 전달할 수 있다. 나아가 학생들은 사진을 통해 문자자료가 미처 전달하지 못하는 역사의 진실에 좀 더 가까이 다가갈 수 있다. 이 점에서 사진은 역사수업에서 적극 활용할 필요가 있다.

2. 사진자료 활용하기

기록사진을 제대로 활용하여 가르치기 위해서는 먼저 무엇을 유념해야 할 것인가.

첫째, 사진은 촬영자의 의도가 다분히 반영되어 있다는 점을 인식해야 한다. 어떤 사진을 찍을 것인가를 선택하는 것은 촬영자에 달려 있고, 그의 목적에 따라 사진이 찍히는 것이다. 촬영자는 때로는 어떤 이미지를 강조할 수도 있고, 또 어떤 대상은 앵글 밖으로 배제시킬 수도 있다. 이러한 행위는 마치 역사가가 수많은 역사적 사건 중 자기 기준에서 중요도를 따져 특정 사건을 서술하거나 배제하는 행위와 유사하다. 따라서 사진이 역사적 사실을 객관적으로 반영한다는 생각은 너무나 순진한 견해라고 하겠다.

둘째, 역사 사진에 대한 외적 접근이라 할 시각적 이해가 이루어져야 한다. 기존 교과서에도 사진의 잘못된 정보를 확인하지 않은 채 사진이 그대로 실리는 경우가 많다. 예컨대 〈사진 3〉과 같이 친일단체 일진회 주관의 국민 연설대에 모인 시민들을 독립협회 회원으로 설명하였다. 〈사진 4〉와 같은 경우는 대부분의 교재에서는 아관파천 때 자신들을 위협하기 위해 러시아공사관 앞에 도열하고 있는 일본군을 바라보는 황실 가족의 모습으로 해설하고 있지만, 사실은 1907년 고종이 황제 자리에서 강제로 퇴위당한 뒤 돈덕전에 도열하고 있는 일본군을 바라보는 황실 가족의 모습이다. 따라서 사진에 나타난 대상, 즉 인물, 동작, 옷차림, 교통수단, 생활도구, 건축물, 길거리, 주변경관 등을 확인해야 한다.

사진 3 독립관에 모여든 민중들

출처: 김한종 외, 『한국근·현대사』, 금성출판사, 2003, 109쪽.

셋째, 사진에 대한 내적 접근이라 할 개념적 이해가 이루어져야 한다. 즉 사진의 시대적·사회적·문화적 배경, 촬영자의 신원, 촬영 목적 등을 정확하게 파악해야 한다. 그러나 이러한 작업은 두 번째 요인과 마찬가지로 사진 자체의 정보가 많지 않아 많은 곤란을 겪을 수 있다. 특히 사진은 보는 이에게 생생하게 다가가 특정 이미지를 재현·고착시킨다. 따라서 사진을 찍은 촬영자와 이를 주문한 수요자를 둘러싼 정치적·사회적 맥락을 관련 자료와 연계하여 조사할 필요가 있다.

그렇다면 학생에게 역사를 가르치는 교사는 무엇을 할 것인가. 우선 수업의 흥미를 유발하거나 주제에 대한 관심을 환기하는 차원에서 사진 자료를 제시하고 지나가기보다는 그 사진에 관한 기록 정보도 가능한 한 제공해야 한다. 이어서 사진이 찍힌 당시의 시대

사진 4 서울의 쿠데타

출전: 《일뤼스트라시옹(Illustration)》 (프랑스), 1907년 9월 7일자.

적 배경을 설명하거나 읽기 자료 등을 함께 제공하여 학생들이 사진의 이미지를 비판적으로 탐구할 수 있도록 도와주어야 한다. 예컨대 일제강점기에는 일제의 통치와 개발을 미화하는 사진들이 많은 반면에 조선인의 빈곤과 저항을 보여주는 사진은 전무하다는 점에서 학생이 이 시기의 역사적 사실을 알지 못한다면 왜곡된 역사상을 내면화할 수 있다. 따라서 교사는 학생들에게 사진의 정치적·사회적 의미를 해설하여 당시 사회에 대한 학생들의 이해를 도울 수 있다. 나아가 사진은 역사적 사실을 모두 보여주는 것이 아니라 압축적으로 전달하고 있으므로 학생들은 이에 대한 해석을 통해 당시 상황을 추론할 수 있으며, 그 속에 담겨진 생생한 모습에서 당시 사람들의 활동이나 생각을 감정이입해서 이해할 수도 있다.

3. 탐구문항 만들기

1) 사진 선정

사진을 역사학습에 활용하고자 할 때 가장 먼저 직면하게 되는 문제는 사진 선정이다. 교육과정이나 당시 사건의 중요도에 비추어 탐구활동 내용을 정했지만 그와 관련된 사진이 매우 많거나 반대로 매우 희소할 수 있기 때문이다. 이들 사진 중 어떤 것을 고를 것인가?

여기에는 무엇보다 교과서 기술 내용과 관련하여 탐구활동의 의도를 잘 보여줄 수 있는 사진들을 선정하여 활용해야 한다는 기본 전제가 깔려 있다. 아무리 화려하고 선명도가 높은 사진이라고 하더라도 탐구활동의 의도와 부합하지 않는다면 이러한 사진은 한낱 지면을 낭비하는 장식물에 불과하기 때문이다.

그럼에도 이러한 전제를 견지하더라도 유의해야 할 요소가 있다.

첫째, 이런 사진들을 어디서 찾을 것인가이다. 둘째, 탐구활동의 의도와 부합한 사진들을 찾았다고 하더라도 모든 사진을 교과서에 수록할 수는 없다. 여기서 사진 자체에 들어 있는 정보 요소들을 적극 고려해야 한다.

먼저 시중에는 여러 기관에서 편찬한 사진첩들이 많이 있다. 서울학연구소를 비롯한 지방자치단체 관련 연구소에서 제작한 도록과 지방지 등에 지역 근현대 사진들이 다수 수록되어 있다. 그리고 개인들이 구미와 일본 등지에서 수집하여 편집한 사진들이 공개되어 있으며 기록사진 작가들의 사진첩이 다수 출판되어 있다. 또한 국사편찬위원회와 각종 박물관에서 관련 사진을 주제별로 수집하여 홈페이지에 올려놓기도 하였다. 그러나 해방 이후와 비교할 때 해방 이전에는 기록 사진들이 매우 희소하다. 따라서 교사 자신이 한말·일제강점기에 편찬된 잡지나 단행본, 외국인 견문기 등에서 내용과 부합하는 해당 사진들을 적극 발굴할 필요가 있다. 만일 원본을 쉽게 구하기가 만만치 않다면 도서관과 기록보존 기관의 홈페이지에 올라 있는 디지털 자료도 적극 활용해야 한다.

둘째, 이와 같이 찾은 사진들의 장점과 단점을 면밀하게 분석할 필요가 있다. 이때 이미 앞에서 언급한 바와 같이 진위 여부, 사진 촬영자의 시선이라든가 편찬자의 의도를 고려하면서 신중하게 선정해야 한다. 예컨대 가짜 명성황후의 사진을 선정한다든가 일제의 정치선전용 사진을 임의적으로 선정한다면 학생들은 탐구활동 내용과의 괴리에 따른 혼란을 겪을 수 있다. 그 밖에 같은 가격이면 다홍치마라고 선명도가 높으며 해설이 정확하고 풍부한 사진을 선정해야 함은 말할 나위가 없다.

예제 군대 해산 후의 의병과 조선의 경찰 사진

일제가 1905년 11월 을사늑약을 체결한 뒤 통감부를 설치하였으며 이어서 1907년 고종의 헤이그 특사 사건을 트집 잡아 고종을 강제 퇴위시켰다. 그리고 같은 해 8월 일제는 대한제국의 마지막 숨통을 끊기 위해 대한제국 군대를 해산시켰다. 이 사진은 1907년 11월 영국 신문 《데일리 메일》의 특파원 매켄지(F. A. Mckenzie)가 경기도 양평에서 의병들을 인터뷰하면서 촬영한 사진으로 그의 저서인 『대한제국의 멸망(*The Tragedy of Korea*)』에 수록되었다. 이 사진을 통해 군대해산 이후 대한제국 군인들의 의병 참여와 소년 병사의 굳은 항일 의지를 확인할 수 있다.

다음 사진을 보고 물음에 답해봅시다.

사진 5　군대 해산 후의 의병(경기도 양평, 1907년 11월경 촬영)

출처: F. A. Mckenzie, *The Tragedy of Korea*, E. P. Dutton co., New York, 1908, 20쪽.

사진 6　조선의 경찰

출처: 박현순 외, 『코리안의 일상』, 청년사, 2009, 286쪽.

2) 문항 만들기

사진은 피상적으로 드러나는 모습을 제외하고는 스스로 의미를 전달하지 않는다. 그렇기 때문에 사진을 이해하기 위해서는 글을 읽듯이 사진을 좌에서 우로, 위에서 아래로 훑어보면서 드러난 의미와 드러나지 않은 의미까지 읽어야 한다. 여기서는 맥심(George W. Maxim)이 제시한 사진 읽기 단계의 방법을 중심으로 다른 학자들의 방법을 수용하여 사진읽기의 단계를 세 단계로 나누면 다음과 같다.

■ 1단계 : 보이는 대로 파악하기

사진 속에 나타나는 인물, 배경, 인물의 표정, 옷차림 등을 있는 그대로 파악하는 단계다. 사실적인 역사 사진을 통해 그 시대상을 파악하는 1단계 수준이라고 하겠다. 따라서 다음과 같은 관련 질문을 통해 고차원적인 접근이 가능하도록 발판을 마련한다.

(1) 인물

- 사진 속 인물은 누구인가요? (성별, 연령대, 직업 등 유추 가능)
- 이들의 옷차림은 어떠한가요? 무엇을 입고 있나요?

  옷차림은 그 사람에 대해 유추할 수 있는 중요한 단서를 제공한다. 예를 들어 일제강점기 때 기모노를 입은 사람은 일본인 혹은 친일적 인물 등으로 유추할 수 있기 때문이다.

- 이들은 무엇을 하고 있나요?

  사진 속 인물들이 무엇을 하고 있는지를 파악하는 것은 매우 중요한 문제다. 이를 통해 사진 속 인물이 어떤 사람인지 알 수 있는 단서가 되기 때문이다. 예를 들어 고기잡이를 하는 장면의 사진에서 고기를 잡는 사람은 어부, 팔짱을 끼고 제복을 입은 채 보고 있는 사람은 관리자라고 유추할 수 있기 때문이다.

- 표정은 어떠한가요?

  사진 속 인물의 표정을 통해서 인물의 심리상태를 파악할 수 있고, 나아가 사진이 찍힌 시점의 분위기도 파악할 수 있다.

문항 1. 사진 5의 A, B, C 중에서 가장 어려 보이는 이는 누구인가요?

문항 2. 사진 5의 C와 사진 6의 사람들이 입은 옷을 비교해봅시다.

(2) 배경

- 시간적 배경(역사적 배경): 사진 속 배경은 언제일까요?(아침, 점심, 저녁/ 시기 파악도 가능)

- 공간적 배경: 이곳은 어디일까요? (바닷가, 들판, 공장 등)

  시간적 배경과 더불어 공간적 배경도 중요한 단서가 된다. 특히 공간적 배경으로 인물의 행동과 직업을 유추할 수 있다.

- 사진 속 배경에 나타나는 물건은 무엇일까요?

■ 2단계 : 추론하기

보이는 대로 파악한 것을 기본으로 하여 사진의 특성이나 인과관계를 확인하는 수준이라고 할 수 있다.

(1) 사건

- 어떤 사건을 묘사하고 있는지 추론하여 봅시다.

- 어떻게 표현되었습니까?

  예를 들어 일제 강점기에 서당과 학교를 전근대와 근대로 표현하여 배치한 사진 등을 제시하면 이것을 파악하는 능력은 단순히 보이는 대로 파악하는 수준이 아니라 사진의 특성과 인과관계를 확인하는 고차원적인 것이라고 할 수 있다.

- 관련된 역사적 사건은 무엇일까요?

문항 3. 사진 5와 사진 6을 통해 1907년 당시 항일의병의 구성원이 누구였을지 생각해
봅시다.

문항 4. 전직 경찰이나 군인이 참여하였다면 이들 의병을 찍은 시점은 언제일까요?

문항 5. 이들이 대항하려 했던 대상은 누구이고, 왜 대항하려 했을까요?

■ 3단계 : 비판하기

비판하기는 사진의 가치판단, 인물의 감정이나 태도에 대한 반응으로서 사진을 찍은
의도를 파악하거나 역사 속의 의미를 파악하는 것이 주를 이룬다. 이는 역사화의 단계와
관련지을 수 있겠다. 역사화라는 것이 역사지식의 가치중립성을 비판하고 기성의 역사학,
역사지식을 문제화하듯이 사진에서도 사진의 객관성을 문제화하고 그 안에서 사진을 찍
은 사람의 의도를 파악하는 것이다. 그리고 사진이 작가의 의도에 따라 다르게 찍히기도
한다는 것을 알고 이를 문제시하는 단계이다.

⑴ 의도 파악

• 사진을 찍은 사람은 누구일까요?

사진을 찍은 의도를 파악하기 위해서는 우선 사진을 찍은 사람을 파악해야 한다.

• 이와 같은 사진을 유포한 의도는 무엇일까요?

• 사진 속에는 어떤 관점 내지는 가치관이 내포되어 있나요?

사진도 객관적일 수 없다는 견지에서 사진을 찍은 사람이 어떤 의도를 가지고 피사
체를 선택했는지를 파악하는 것이다. 사진작가의 의도에 따라 사진은 다르게 찍히
도 하기 때문에 이는 매우 중요한 질문이라고 할 수 있다.

⑵ 가치 판단

• 이 장면에서 무엇을 배웠습니까?

문항 6. 사진 6을 통해 사진 촬영자가 전하고자 했던 메시지는 무엇일까요?

문항 7. 이 사진을 통해 무엇을 배웠는지 말해봅시다.

유제 사진을 보고 답해봅시다.

출처: 공주 귀산 모범서당 개교 기념식 전경(국가기록원 소장)

■ 1단계 : 보이는 대로 파악하기

문항 1. 이 학교에는 몇 명가량의 학생이 다니고 있습니까?

문항 2. 여학생은 보입니까? 있다면 몇 명입니까?

문항 3. 학생들은 교복을 입고 있습니까?

문항 4. 교사들 중 제복을 입고 있는 교사와 한복을 입고 있는 교사(또는 교장)가 각각

몇 명입니까?

문항 5. 학교 건물은 무슨 집인가? 초가집인가 아니면 기와집입니까?

문항 6. 학교 건물에는 유리창이 있습니까?

■ 2단계 : 추론하기

문항 7. 학생들이 왜 줄을 맞춰 서 있는지를 추론해봅시다.

문항 8. 학년 사이에 구분이 있습니까?

문항 9. 사진으로 보아 이러한 개량서당의 학생 정원은 대략 몇 명 정도라고 생각합니까?

문항 10. 이 시대에 다른 학교에도 여학생들이 재학하였습니까?

문항 11. 젊은 교사들이 어떤 과목을 가르쳤는지를 추론해봅시다.

문항 12. 학교 건물에 왜 유리창을 설치했는가를 생각해봅시다.

문항 13. 사진사가 왜 이 사진을 찍었다고 생각합니까?

■ 3단계 : 비판하기

문항 14. 여학생이 남학생에 비해 숫자가 적습니다. 이를 통해 학교에서 여학생의 비중이 차지하는 의미를 생각해봅시다.

문항 15. 이 사진을 통해 개량서당의 어떤 특징을 확인하였습니까?

문항 16. 여러분이 이 시대에 살았다면 이런 학교를 다니겠습니까, 다니지 않겠습니까.
각각의 이유를 말해봅시다.

○ **시대배경과 문항해설**

일제가 이 땅을 강점한 뒤 많은 변화가 나타났다. 이 중 전통서당이 개량서당으로 탈바꿈하였다. 당시 학부형과 학생들의 신교육에 대한 열망은 높았으나 공립보통학교가 턱없이 부족하였기 때문에 신식교육도 받을 수 있는 개량서당을 선호하였다. 특히 당시 한국인 학부형들은 일본인들이 공립보통학교를 운영하는 것에 대해 거부감이 있어 다들 공립보통학교보다는 개량서당에 학생을 보내고 싶어 했다. 이 사진은 문자로 전할 수 없는 개량서당의 이모저모를 생생하게 보여주고 있다.

○ **답안 예시**

예제

1. B

2. 의상이 거의 비슷하고, 모자 모양만 다르다. 따라서 자료 2의 C는 전직 군인이나 경찰이다.

3. 일반 농민이나 나이 어린 소년, 전직 경찰이나 군인 등이 참여하였을 것이다.

4. 1907년 8월 군대 해산 이후이다.

5. 일본, 일본이 대한제국을 강점하려고 했고 권리를 침탈했기 때문이다.

6. 일본의 조선 침략이 부당하며, 그 침략에 대항하기 위하여 다양한 나이와 직업의 사람들이 모여서 투쟁하고 있다는 것을 보이려 했다.

7. 나라가 멸망을 맞이한 위기 앞에 나라를 구하려는 평범한 백성들의 애국정신을 배웠다.

1. 100여 명

2. 보인다. 9명

3. 남학생은 교모만 쓰고 있다.

4. 제복을 입고 있는 교사는 2명이고 한복을 입고 있는 교사는 8명이다.

5. 초가집

6. 있다.

7. 질서정연한 모습을 유지하기 위해 줄을 맞춰 서 있다.

8. 줄마다 평균키가 다른 것으로 보아 학년별로 구분되어 있다.

9. 지역마다 다르나 20~100명 정도에 이른다.

10. 여학생들이 학교를 다녔지만 남학생에 비해 훨씬 적었다.

11. 젊은 교사들이 신식학문을 전공하였기 때문에 신식과목이라 할 산술, 과학, 외국어 등을 가르쳤을 것이다.

12. 채광 효과를 높이기 위해 설치하였을 것이다.

13. 이날 이 학교 개교기념식이어서 특별히 찍었을 것이다.

14. 당시 여학생들이 학교에 다니는 것에 대해 사회 분위기가 부정적이었고 여학생들은 집에서 살림을 해야 한다는 생각에 학부형들이 학교에 보내지 않았다.

15. 기존의 서당과 달리 신식과목을 가르쳤으며 유리창이 있을 정도로 신식학교와 유사한 건물을 건축하였음을 확인할 수 있다.

16. 어려운 가정 형편으로 보통학교에 입학하지 못하고 이런 서당에 다녔을 것이다. 만일 가정 형편이 좋았다면 보통학교에 입학했을 것이다. 보통학교의 학력은 인정되기 때문이다. 다만 보통학교에 다니면서 일본식 교육을 받으면 어른들이 우려하는 대로 일본인처럼 행동하고 생각하게 되지 않을지, 그래서 한국인으로서의 정체성을 잃어버리게 되지는 않을지 걱정된다.

6

그림

최윤제

1. 미술 그리고 역사학

그림에 빠져본 일이 있는가? 누군가는 시간 가는 줄 모르고 스케치북에 그림을 그린 기억이 있을 것이며, 누군가는 전시회 한켠에서 가슴시린 감동으로 한참을 머물러 있었던 경험이 있을 것이다. 우리는 누구나 그림을 그리고, 그림을 본다. 미술은 인간이 자신의 존재를 표현하는 근원적인 방식이다. 미술은 언제부터 시작되었을까? 현재 남아있는 미술작품 중 가장 오래된 것은 지금으로부터 약 2만 년 전의 동굴벽화까지 거슬러 올라간다. 미술은 신석기 혁명이 시작되기도 전, 인류문명의 여명기에 이미 수려한 형태로 존재한 것이다. 물론 미술이 인류의 역사와 함께하는 동안 그 주된 주체와 사회에서의 위상은 늘 변화했다. 사회지도층의 고상한 취미였던 때도 있었고, 화가의 이름조차 남기지 못할 만큼 가치를 인정받지 못하던 시기도 있었다. 하지만 어느 시대에나 그림을 그리는 사람은 있었고 그 시대를 그렸다. 그림은 글만큼이나 화가의 생각을 적나라하고 독특한 방법으로 표현할 수 있다. 때문에 미술작품은 문헌자료 못지않게 사료로서 중요한 가치를 가진다.

물론 사료의 가장 기본이 되는 것은 문헌자료다. 그러나 시대를 거슬러 올라갈수록, 특히 격변기일수록, 문헌자료의 양은 빈약하고 누락되는 부분이 많아진다. 그렇게 해서 생긴 공백은 다른 사료들로 메울 수밖에 없다. 설사 문헌자료가 방대하고 풍부하게 남아있는 상황이라 할지라도 사료의 저술 주체가 누구냐에 따라 신뢰성은 달라진다. 따라서 이면의 다른 의도를 고려해야 하는데, 그러한 상황에서 문헌자료 외에 그림이나 사진 등 비문자 자료들이 보조 역할을 할 수 있다. 특히 미술작품은 문헌자료와 마찬가지로 저자의 의도나 사상이 그대로 드러난다. 역사 속에서 공적 문헌자료의 주된 저술 주체는 미술작품의 주체, 즉 화가의 신분이나 계층과 다른 경우가 많다. 문헌자료의 경우에는 정치 기관이나 문자향유 계층의 입장을 대변하는 경우가 많지만, 화가는 상류층부터 서민층까지 다양한 기반을 바탕으로 하는 경우가 대부분이다. 따라서 같은 사건에 대해서 묘사할 때 대립된 시각, 혹은 다른 계층의 시각을 드러낼 수 있다. 이를 통해 역사가는 한 사건에 대한 그 시대의 다양한 해석을 아우를 수 있고, 균형 잡힌 역사해석이 가능해진다.

미술작품은 표현방식에서도 문헌자료와는 차별화된다. 글이 아닌 이미지로 표현하는 그림의 방식은 비교적 정형화된 문헌자료에 비해 자유롭다. 대상의 묘사는 말할 것도 없다. '백문이불여일견(百聞而不如一見)'이라 했던가. 옛사람이 글에서 묘사한 것을 현대의 역사가가 재현하는 과정은 상상과 추론을 넘나든다. 하지만 사실적으로 묘사한 그림 한 점은 역사가를 친절하게 과거로 인도한다. 조선시대 왕의 행차모습을 설명할 때, 입은 옷의 색깔이나 신하들 행렬의 순서에 관한 장황한 서술보다 한 점의 '행차도'가 역사가에게 더 큰 정보를 줄 수 있는 것이다.

한편 공적 문헌자료에 비해 미술작품은 눈에 보이는 그대로, 혹은 보다 개인적인 취향에서 그려지는 경우가 많다. 그 속에서 우리는 옛사람들의 취향이나 유행 등을 살펴볼 수 있고, 보다 소소한 일상의 관심사를 엿볼 수 있게 되는 것이다. 목적 없이 순수하게 묘사된 당시의 모습에서 문헌자료에서는 발견하기 힘든 중요한 역사적 사실들을 얻기도 한다. 한 예로 신분제 사회에서 그들에게는 특별하지 않기에 글로 묘사하지 않는 주인과 하인의 관계를, 주인의 일상을 그린 그림 한편으로 재연할 수 있게 되는 것이다.

미술작품은 다른 사료와 마찬가지로 역사적 흐름 속에 그 나름의 경향성이 존재한다. 미술사에서는 이러한 미술작품의 경향을 살펴 이른바 사조라는 형태로 정리하고 있다. 서양미술의 경우 사조의 변화가 명확하고 역사의 흐름과 밀착되어 있다. 중세의 기독교 중심 문화 속에서는 표현이 추상화되고, 화가의 존재가 무시되었다가 르네상스가 만개하자 신체를 보다 사실적이고 역동적으로 묘사하고, 그리스·로마의 신화를 주된 소재로 하게 되었으며, 화가의 이름이 알려지고 지위를 인정받게 되었다. 우리나라 역시 마찬가지다. 고대 삼국시대 고분벽화 내용이 초기 일상 묘사에서 후기 사신도로 넘어가게 된 배경이나, 불교미술, 문인화, 진경산수화 등 새로운 미술 양식의 유행은 모두 역사적 상황과 밀접하게 연관되어 있다. 이렇듯 거대한 역사 흐름 속에서 대다수의 화가들이 공유하는 큰 흐름이 존재한다. 화가 역시 역사 속의 인간이기 때문일 테다. 미술작품에는 그 시대가 녹아있게 마련이고, 사조연구 자체가 역사연구의 큰 부분이 될 수 있다.

미술작품 속에는 '이미지'와 '상징'이 담겨 있기도 하다. 영화 〈다빈치코드〉에서처럼 우리는 추리를 하듯 미술작품 속에 담긴 속뜻을 해석하게 된다. 고려시대에 다수 제작된 「수월관음도」에서 부처의 머리에는 달이, 중생은 연못에 있는 모습이 묘사되는 경우가 많

황승규, 「문자도」(부분), 조선, 19세기, 비단에 채색(가회박물관 소장)

은데, 이는 불교 경전의 "보살은 맑은 달이요, 중생의 마음은 물이 깨끗한 것과 같다"라는 표현과 맞닿아 있다. 또 다른 예로 조선시대 「윤리문자도」는 유교의 윤리 덕목이라고 할 수 있는 '효(孝), 제(弟), 충(忠), 신(信), 예(禮), 의(義), 렴(廉), 치(恥)' 등의 글자를 이미지를 배치하여 표현한 그림이다. 이 그림들은 『시경』이나 『논어』의 각 덕목과 관련된 이야기 속의 소재로 묘사되는 경우가 많다. 예를 들어 '효(孝)'의 경우 위 책들 속 이야기에 등장하는 '잉어', '죽순', '부채', '청조(靑鳥)', '입에 편지를 문 흰 기러기' 등의 형상으로 '孝'라는 글자를 구성하는 것이다. 이러한 상징체계의 발견과 연구는 당시 사람들의 가치관을 이해하는 데 큰 토대가 될 수 있다.

그 외에도 초상화의 이미지와 양식을 분석해 그 이면에 담긴 역사적 맥락을 읽어내는 등 미술작품과 역사학의 조우는 역사학습에서의 새로운 시도의 가능성을 열어주고 있다. 최근 주입식의 교수방법에 대한 꾸준한 반성과 새로운 교수법이 추구되는 흐름 속에서 미술작품은 어떤 역할을 할 수 있을까? 다음 절에서는 그에 대한 답을 모색해본다.

2. 미술작품 활용하기

미술작품에서 보이는 실제 과거 장면 묘사는 그 자체로 역사이며, 역사적 설명이 된다. 언어를 통해 역사적 장면을 설명했을 때는 청자의 선입견과 선행지식에 따라 오해나 왜곡을 초래하기도 하고, 복잡한 맥락을 풀어내기 힘든 순간도 있다. 하지만 복잡한 역사적 맥락과 관계들이 한 장의 그림 속에서는 표현이 가능해지기도 한다. 더불어 미술작품은 짧은 시간에 많은 역사적 장면을 재현할 수 있다. 또한 시각자료의 활용은 학생들의 흥미를 돋울 수 있으며, 이는 역사적 사실의 기억을 용이하게 한다. 미술작품은 역사적 사실에 대한 당대 인물의 증언이기도 하다. 혹은 후대에 제작되었다 하더라도 그 시대의 눈으로 바라본 것이다. 따라서 미술작품의 도입은 1차 사료를 학생들이 직접 접해볼 수 있다는 의미를 가진다.

주의할 점은 미술작품을 해석 가능한 텍스트로 바라보아야 한다는 점이다. 미술작품

역시 제작과정에서 화가와 의뢰인의 의도가 점철되어 나타난다. 미술작품 속 묘사는 화가의 머릿속을 한 번 거쳐 나온 해석이다. 화가가 가지고 있는 세계관, 혹은 오개념이 크게 영향을 미친다. 또한 화가가 의도적으로 사실을 재현하려고 한다는 점은, 반대로 화가가 의도적으로 사실을 왜곡하는 것도 가능하다는 이야기다. 화가 개인의 의도도 있겠지만, 제작 의뢰 주체의 압력이 있을 수도 있다. 목격 방식과 제작시기도 고려해야 한다. 직접 목격했느냐, 간접적으로 듣고 그린 것이냐의 여부, 사건이 일어난 직후에 그린 것이냐, 일정한 시간이 흐른 뒤 그린 것이냐 하는 것도 묘사 내용의 신뢰도에 영향을 준다.

수업이라는 독특한 환경에서는 교사의 목소리도 크게 작용할 수밖에 없다. 이는 미술자료의 선택에서도 드러나지만, 감상을 위한 질문에서도 강하게 드러난다. 따라서 교사는 자신이 특정 미술작품을 선택한 목적은 무엇인지, 어떤 기준으로 선택했는지, 얻고자 하는 효과는 무엇인지에 대해 스스로와 학생들에게 투명하게 드러낼 수 있어야 한다.

이러한 과정을 통해 미술작품을 분석하는 것은 역사가의 연구과정을 연상케 한다. 역사가가 사료를 접하고 분석하는 과정을 학생들이 자연스럽게 경험하고 그와 유사한 사고를 해보게 된다. 이 속에서 학생들은 사료를 대할 때의 비판적 태도, 분석방법 등을 키울 수 있을 것이다.

이러한 가능성에도 불구하고, 이제까지의 역사교육에서 미술작품은 큰 관심의 대상이 아니었다. 교과서에 실린 미술작품과 이에 관한 설명은 이미 미술사학계로부터 많은 오류를 지적받았다. 먼저 미술사 서술이 정치나 사회 서술과는 별도로 서술되어 시대적 관련성을 맺지 못한다. 따라서 미술품의 이름만을 나열하는 식의 문화재사로 서술된 경우가 많다. 또한 문화의 전성기에 대한 서술에 치중되어, 시대적 전환기의 미술문화에 대한 서술이 누락되었다. 마지막으로 미술사적 사실 자체에 대한 서술상의 오류가 발견되고, 도판 사진이 규칙성, 시대성 없이 배열된 점 등이다.[1] 나아가 근본적인 문제는 미술양식의 변화나, 수준 높은 예술성을 자랑하는 문화재만을 중심으로 제시하는 것은 역사수업

---

1 이는 개정 전의 『국사』 교과서에 대한 비판이지만, 개정된 현재 교과서 역시 거의 해당된다고 볼 수 있다. 윤용이 외, 『한국미술사의 새로운 지평을 찾아서』, 학고재, 1997; 윤용이 외, 「쟁점 국정교과서 미술 부분, 전면 고쳐써야 한다」, 《역사비평》 6, 1989.

의 목적에 미흡하다는 것이다. 물론 수준 높은 조상들의 작품들을 알고 감상함으로써 자부심을 고취하는 것도 훌륭한 교육적 의미가 있다. 하지만 역사수업은 박물관 견학이 아니며, 학생들의 심미안 향상은 미술수업의 과제로 넘겨도 된다. 진정한 역사수업은 학생들이 역사가의 눈으로 미술작품을 바라볼 수 있도록 하고, '역사 속 미술작품'을 이해하도록 하는 것이다.

교과서의 편제방식과 서술체제의 개선도 필요하지만, 궁극적으로는 교사 스스로가 미술작품의 활용이 문화사 부분에 한정되어야 한다는 편견에서 벗어나야 한다. 정치, 경제, 사회사 등 모든 분야에 미술작품이 도입될 수 있다. 특히 학생들이 사료 분석을 통해 역사적 사실을 도출해내는 사료학습이나 탐구학습 등에 유용하다. 이제 그 구체적인 활용방안을 살펴보자.

3. 탐구문항 만들기

1) 그림작품 선정

작품을 선정할 때, 김홍도나 신윤복의 풍속화처럼 작품성과 역사성을 모두 갖춘 작품도 물론 좋다. 하지만 역사수업에서 사료로 활용하고자 할 때에는 작품성보다 역사성을 우선해야 한다. 학생들이 보다 쉽게, 보다 많은 역사적 사실을 끌어낼 수 있는 작품이 수업자료로서 가치가 있다. 따라서 작품을 선정하는 교사는 역사가의 눈으로 작품을 바라보아야 한다. 조선 후기 불화인「보석사 감로도」에서 종교적 염원을 느끼기보다, 그 속에 표현된 인물들의 크기를 비교해봄으로써 사회적 지위 관계를 살펴보고, 전쟁 장면 묘사를 통해 임진왜란의 영향을 바라볼 수 있어야 하는 것이다.

예제 "누가 분노하고 있는가" – 일제하 1930년대 작품, 백윤문의 「분노」

1910년 일제의 대한제국 강점 이후 우리 민족은 일제의 무단통치를 받았고, 3·1 운동 이후에는 기만적인 민족분열 정책 속에 등장한 친일파들로 인해 내부적 갈등을 겪었다. 그리고 1931년 만주사변을 시작으로 본격적인 전시체제가 구축되면서 한반도는 일본 군국주의의 병참기지가 되기에 이르렀다. 그와 동시에 일제의 민족말살 정책이 본격화되면서 문화 부분에까지 이르는 일제의 감시와 착취가 강도를 더해갔다. 이러한 시기에 우리 미술계 역시 일본의 영향을 피하기 힘들었다. 조선 후기에 만개했던 전통 회화의 맥은 일제의 침략으로 쇠퇴하고, 정규미술학교가 없었던 현실에서 대부분의 1세대 서양화가들은 일본 도쿄로 유학을 떠났다. 특히 1920년대 이후 한국인 화가들이 주로 활동하였던 조선미술전람회는 1922년부터 조선총독부가 문화통치를 표방하며 개최한 것으로, 한국인 미술가 단체인 서화협회가 전시회를 열자 이를 견제하고 한국 미술의 일본화를 촉진하기 위해 개최되었다. 실제 대부분의 심사위원이 도쿄미술학교 교수들로 채워져 일본풍을 따르지 않고는 수상하기 힘들었다.

향당 백윤문은 1906년에 태어나 1940년대 초 기억상실에 걸리기까지 이처럼 우리 민족의 가장 아픈 순간을 살았다. 그는 이당 김은호의 문하로 들어가 작품 활동을 하면서 조선미술전람회에서 여러 번 입상하여 주목받았다. 그러다 30년대 이후 예술가들의 활동에까지 일제의 제재가 가해지고, 김은호, 김기창을 비롯한 그의 동료들 다수가 친일의 길을 걸어가자 많은 심적 고통을 겪은 것으로 보인다. 일제하 끝을 알 수 없는 암울한 현실 속에서 그의 마음속에 피어올랐을 분노가 작품 속에 스며들지 않았을까. 1935년 조선미술전람회에 출품한 작품 「분노」에는 그가 겪었던 민족의 현실이 그대로 함축되어 있다. 실제 그는 작품에 반일적인 성격이 있다는 이유로 심문을 당하기도 했다. 이 작품은 당시 평범한 한 한국인의 생각을 그대로 접할 수 있다는 점에서 좋은 사료가 될 수 있다.

2) 문항 만들기

미술작품을 수업자료로 도입할 때는 교사의 능동적인 역할이 필요하다. 미술작품 분석에 대한 기초가 없는 학생들이 역사가의 시선으로 작품을 바라보고 분석할 수 있도록 유도해야 한다. 이는 미리 계획한 교사의 체계적인 질문으로 가능하다. 교사는 질문을 계획할 때, 학생들의 사고력 수준에 유의해야 한다. 곧바로 추론할 필요가 있거나 역사적 의미를 판단해야 하는 질문을 던지면 대다수의 학생들은 따라오지 못하여 도입부터 실패하기 쉽다. 혼자서는 높은 사고력을 발휘하지 않던 학생도 낮은 수준에서 높은 수준으로 나아가는 형태의 질문에는 자연스럽게 따라오는 경우가 있다. 이를 3단계로 나누어 살펴보자. 1단계로 먼저 학생들이 작품 속에 묘사된 상황 자체를 파악할 수 있도록 해야 한다. 2단계에서는 미술작품을 하나의 텍스트로 바라보고 텍스트 비판적인 성격의 질문을 던질 수 있다. 작품이 제작된 시대를 고려하고, 인물을 묘사하는 방식을 통해 드러난 화가의 의도를 추론할 수 있다. 작품 속 상징과 묘사만을 통해 당시 현실을 추론하는 것도 좋지만, 사전에 학생들이 일제하 현실과 민족의 분열에 관한 기초적인 배경지식이 있

백윤문, 「분노」 (개인 소장)

으면 깊이 있는 분석이 가능할 것이다. 마지막으로 이를 종합하여 3단계에서 학생 스스로 추론이 가능할 수 있도록 한다. 이러한 단계적인 접근은 곧바로 높은 수준의 사고를 하기 어려웠던 학생들이 역사적 사고력을 발휘하게 하는 길잡이 역할을 하게 될 것이다. 다음은 백윤문의 「분노」와 관련하여 실제 수업을 할 때 교사가 작품과 관련해 던질 수 있을 만한 질문유형을 단계별로 정리한 것이다.

■ 1단계 : 표면적 내용 읽기

(1) 인물들은 누구인가?

일단 그림의 소재가 되고 있는 인물이 누구인지를 아는 기본적인 과정이다.

(2) 인물들은 무엇을 하고 있는가?

인물들의 행위를 관찰하고, 이를 통해 그림 속 상황을 재연하고 감정이입한다. 현재에는 나타나지 않는 과거의 독특한 행위라면 이를 역사적으로 분석할 수 있다.

(3) 인물은 어떻게 묘사되어 있는가?

화가는 인물들의 표정이나, 의복 형태 혹은 인물의 크기 등을 통해서 특징을 표현할 수 있다. 이는 실제 모습과 같을 수도 있고, 화가에 의해 왜곡되었을 수도 있다.

(4) 소재들의 배치는 어떠한가?

화가는 소재들의 위치를 통해서도 그것의 중요성이나 관계 등을 나타낼 수 있기 때문에 배치문제는 중요하다.

문항 1. 그림 속의 등장인물은 모두 몇 명입니까?

문항 2. 이 중 의복 형태나 머리 모양으로 보아 일본인으로 생각되는 사람은 누구입니까?

문항 3. 한국인으로 생각되는 사람은 누구이며, 두 사람의 옷차림은 어떻게 다릅니까?

문항 4. 오른쪽 남자의 옆에는 어떤 사물이 그려져 있습니까?

문항 5. 왼쪽 남자들의 옆에는 어떤 사물이 그려져 있습니까?

문항 6. 장기판과 장기알이 흐트러져 있는 상황과 인물들의 표정으로 보아 어떤 일이 일어났습니까?

문항 7. 위 상황에서 한국인 두 사람의 행동은 어떻게 다릅니까?

■ 2단계 : 이면의 의도 파악하기

(1) 화가는 누구이며, 그의 사회적 위치는 어떠한가?

그림에 강력하게 의도를 전달하고 있는 화가가 누구인지, 나아가 그의 성장과정과 소속된 사회적 위치를 파악하는 것은 그림을 깊이 있게 이해하기 위한 중요한 과정이라고 할 수 있다.

(2) 화가가 살고 있는 시대는 언제인가?

작품 속 시대와 화가가 살았던 시대는 같을 수도 있지만, 다를 수도 있다. 그림 속 장면에 대한 화가가 살았던 시대의 입장이 어떠한가 하는 점에 따라 내용이 왜곡되거나 선, 악의 묘사가 달라질 수 있다. 이는 또 다른 면에서 그림에 강력한 메시지를 전달한다.

(3) 묘사된 내용은 어느 시대인가?

역사적 장면을 이해하기 위해 그림이 묘사하고 있는 시대가 언제인지를 파악해야 한다. 이는 미리 제시해도 되고, 작품을 파악한 이후에 추론하는 문제로 제시해도 된다.

(4) 그리지 않은 것, 빠져 있는 것은 무엇인가?

그림 속에서 어떤 소재가 소외된 배경을 추적하고, 화가가 의도적으로 그리지 않았다면 그 이유를 추론하는 과정에서 깊이 있는 역사 이해가 가능하다.

(5) 작품의 의도는 무엇이라고 생각되는가?

작품에 목소리를 입혀 당시 시대적 상황과의 관계를 파악할 수 있다. 이 질문을 통해 학생들은 역사적 판단을 내려볼 수 있다.

문항 8.   화가가 싸움의 주체를 일본인과 한국인으로 설정한 의도는 무엇일까요? 또한 한국인이 밀려나 있는 것처럼 그린 이유는 무엇일까요?

문항 9.   등장하고 있는 두 한국인이 다른 태도를 취하게 한 의도는 무엇일까요? 다음 글을 참고로 생각해봅시다.

> 1920년대는 …… 이광수 등이 《동아일보》 지상을 통해 법이 허용하는 테두리 안에서의 '실력 양성'을 들고 나온 것은 …… 우리에게 많은 시사를 준다. 한민족의 전면적 항거에 충격을 받은 일제는 민족분열 정책의 필요성을 느끼게 되었고, 이제 저들이 회유의 대상자로서 주목하게 된 것이 바로 이들 지주층과 민족 부르주아 계층이었던 것이다. 1920년에 들어와 회사령이 철폐되자 몇몇 대지주들이 제조업 분야로 진출하고 일제가 이들 일부 한국인 기업에 보조금까지 지급한 것은 민족분열 정책의 한 면모로 생각된다.
>
> 한국사특강편찬위원회, 『한국사특강』 210~271쪽

문항 10. 오른쪽 남자 옆에는 홀쭉한 주머니에 곰방대, 짚신을 배치하고, 왼쪽 남자 옆에 술병과 비단 신발, 두툼한 비단 주머니를 묘사한 화가의 의도는 무엇일까요?

■ 3단계 : 확장된 의미 추론하기

⑴ 주제는 무엇인가?

앞에서 했던 질문들을 종합하여 화가와 그림의 구성요소에 대한 이해가 끝나면 전체 그림이 나타내는 주제를 파악할 수 있고, 이 과정에서 학생 스스로의 목소리가 포함될 수 있다.

⑵ 이 작품은 당시 시대(혹은 현대)에 어떤 영향을 주었는가?(혹은 영향을 주지 않았다면 그 이유는 무엇인가?)

이 질문은 그림에 따라 다를 수 있다. 그 그림이 만들어지게 된 과정뿐 아니라 그림이 가져온 사회적 영향력을 파악함으로써, 그림에서 구성한 세계와 실제 세계의 조우를 바라보는 것이 가능하다.

⑶ 교과서에서는 이 작품을 어떻게 묘사하고 있는가? 그 묘사에 대한 자신의 생각은 어떠한가?

이는 교과서 역시 여러 다양한 역사 설명 중 하나로 바라보게 하는 것으로, 교과서의 설명에도 오류나 왜곡이 있을 수 있음을 인식하고 교과서를 하나의 텍스트로 바라보게 한다.

⑷ 교사가 이 작품을 선정한 이유는 무엇일까? 교사의 질문 의도는 무엇일까?

작품을 선택하고, 질문을 던지는 과정에서의 교사의 의도를 학생들이 인식할 수 있도록 하기 위한 질문이다.

⑸ 여러분은 왜 이런 답을 하게 되었는가?

무의식 중에 자신이 답한 것을 객관적으로 다시 돌아보게 함으로써 스스로 역사적 판단 과정을 반성하고, 나아가 판단 과정에 작용한 다양한 맥락들을 고려할 수 있도록 한다.

문항 11. 화가는 위 그림을 조선미술전람회에 출품했다가 입선했지만, 반일적인 성격이
있다는 이유로 끌려가 심문을 당하였다. 이것으로 미루어보아 일제하 한국인
예술가들의 상황은 어떠했을까요?

문항 12. 화가는 당시 위 작품을 「분노」라는 이름으로 출품했습니다. 그가 말하는 분노
는 누구의 분노일까요?

유제 다음 그림을 보고 물음에 답해봅시다.

조선 후기 정치, 경제, 사회에서의 여러 변화와 발전은 신분제에도 영향을 미치게 됩니다.
다음은 19세기 말 20세기 초 화가 일재 김윤보의 그림입니다. 이를 통해 구체적인 모습을 추
론해봅시다.

(가)   (나)

■ 1단계 : 표면적 내용 읽기

그림 (가)를 보고 물음에 답해봅시다.

문항 1.   그림 속 인물들은 몇 명입니까?

문항 2.   (가) 그림은 타작 장면을 묘사한 것입니다. 홀로 비질을 하고 있는 인물을 찾아
보세요.(*타작: 곡식의 이삭을 떨어서 낟알을 거두는 일)

그림 (나)를 보고 물음에 답해봅시다.

문항 3. 인물들의 옷차림으로 보아, 양반과 상민은 각각 몇 명입니까?

문항 4. 양반은 어디에 있으며, 표정은 어떠합니까?

문항 5. 오른쪽 인물이 등에 지고 있는 것은 무엇일까요?

문항 6. 가운데 인물이 가리키고 있는 짐승은 무엇일까요?

문항 7. 이 상황이 당시 주기적으로 흔하게 보이는 장면이라고 가정할 때, 무엇을 하는 것으로 보입니까?

■ 2단계 : 이면의 의도 파악하기

문항 8. 그림 (가)에서 신분이 다른 것으로 보이는 인물은 누구이며, 그 이유는 무엇입니까?

문항 9. 문항 8의 인물의 행위는 기존의 조선의 신분에 관한 여러분의 생각에 부합합니까? 그렇지 않다면 그 이유를 말해봅시다.

문항 10. 그림 (나)의 양반의 권위는 어디에서 나올까요?

문항 11. 그림 (가)와 (나)는 같은 화가가 그린 그림입니다. 같은 시대의 두 그림 속 양반은 어떻게 다릅니까?

■ 3단계 : 확장된 의미 추론하기

문항 12. 화가가 살았던 시대의 양반의 지위는 조선 전기와 어떻게 달라졌는지 생각해
봅시다.

문항 13. 조선 후기 경제, 사회의 변화상을 조사해보고, 이 중 그림 속 양반들의 처지와
관련 있는 내용을 살펴봅시다.

◎ 시대배경과 문항해설

조선 후기 경제, 사회상에 나타난 변화는 새로운 사회질서를 만들어냈다. 우선 군공,
납속 등의 정책 및 부민들의 신분 상승 노력으로 양반직역자의 수가 크게 늘어났다. 이러
한 부민들의 등장 배경에는 경제적인 발전이 있었다. 즉 이앙법, 견종법 등 농법의 발달
과 그로 인한 광작의 유행으로 농민층이 분해되고, 수공업, 광업의 발달에 힘입어 상업이
발전하게 되면서 상품화폐경제가 출현한 것이다. 그리고 그 속에서 일부 양반들은 잔반
(殘班)이라 불리며 몰락했다. 이들은 소작전호로 떨어지거나 상업, 수공업 등에 종사하며
생계를 꾸리기도 했다.

19세기 말 20세기 초 화가 김윤보의 그림 속에 이러한 상반된 양반의 모습이 극명하게
대비되어 나타난다. 김윤보는 1895년에 태어나 1938년 별세하기까지 주로 평양에서 활
발하게 활동했다. 앞의 그림들이 수록된「농가실경도」외에 평양 감영을 중심으로 채집한
「형정도첩」역시 중요한 사료로서 가치를 지닌다. 이 그림들을 통해 학생들은 교과서 설
명과 문헌사료를 통해 파악하던 조선 후기 양반질서의 변화를 생동감 있게 접할 수 있게
된다. 그림 속 양반들의 행위나 표정의 대비로 당시 양반의 상반된 지위를 파악하고, 이
를 조선 전기와 비교해 생각해볼 수 있다. 또한 이를 통해 당시 사회상황에 대한 역사적
감정이입을 용이하게 할 수 있을 것이다.

예제

1. 3명

2. 존마게(일본식 상투)의 머리 모양을 한 것으로 보아 가운데 남자가 일본인일 것이다.

3. 나머지 두 사람이 한국인이다. 오른쪽 남자는 상투에 흰색 한복을 입은 것으로 보아 서민으로 보이며, 왼쪽 남자는 탕건을 쓰고 비단옷을 입은 것으로 보아 사대부 계층 출신이거나 벼슬아치로 여겨진다.

4. 곰방대와 얇은 주머니, 짚신이 그려져 있다.

5. 두툼한 비단 주머니와 술상, 비단 신발이 그려져 있다.

6. 일본인과 오른쪽 남자가 장기를 두다 다툼이 생긴 것으로 보인다.

7. 오른쪽 남자는 돗자리에서 맨발로 밀려난 채 쭈그린 자세로 자신의 입장을 항변하고 있으며, 왼쪽 남자는 일본인을 부축하며 오른쪽 남자를 노려보고 있다.

8. 1930년대라는 시대적 배경으로 보아, 일제하 현실에서의 일본과 한국의 관계, 혹은 일본인과 한국인의 관계를 비유적으로 표현하고자 했을 것이다. 오른쪽 남자의 열세한 모습은 한국이 일본에게 처한 상황을 보여주는 것이다.

9. 문화통치 시기 민족분열 정책 이후 많은 한국인들이 친일행위를 통해 배를 불렸다. 이러한 친일파와 대다수 한국인들의 곤혹한 상황을 그림 속 갈등 구도 속에 함께 표현하고자 했을 것이다.

10. 일본인과 다투는 한국인의 초라한 행색에 비해 일본인에 협조하는 한국인이 누리는 돈과 쾌락의 물질적 풍요를 상징하는 것이라 판단된다. 또한 문항 9에서 제시된 글처럼 친일행위자의 많은 수가 지주와 부르주아 계층이었다는 사실을 표현했을 수도 있다.

11. 반일 의도가 직접 드러나지 않고 작품의 저변에 깔려 있는 경우조차 경찰에 끌려가 문초를 받을 만큼 일본의 압박과 감시가 심했다. 당시 한국인들의 언론의 자유, 인권의 현실은 참담했다.

12. 이 질문의 답은 열려 있다. 등장인물 중 한 사람의 분노일까? 일반적인 인간의 분

노일까? 당시 1930년대 시대 현실에 대한 화가 자신의 분노일까?

1. 4명

2. 왼쪽에서 두 번째 인물

3. 양반 1명, 상민 2명

4. 집안에 앉아 있다. 다소 거만한 표정이다.

5. 쌀가마니

6. 닭

7. 소작인이 지주에게 소작료를 납입하는 장면으로 추측된다.

8. 비질하는 인물, 탕건과 두루마기 등 복식이 나머지 타작하는 이들과 차이가 난다.

9. 부합하지 않는다. 조선 전기 양반은 관직을 통해 토지와 녹봉을 받고 국역이 면제되며, 직접적인 생산 활동에는 참여하지 않는 것으로 이해되기 때문이다.

10. 토지 소유

11. 그림 (가)의 양반은 상민들과 함께 허드렛일을 하면서 생계를 유지하는 것으로 보임에 반해, 그림 (나)의 양반은 소작료를 납부받으며 경제적으로 여유가 있는 것으로 보인다.

12. 조선 전기에 관직과 토지를 독점하여 정치, 사회, 경제적인 면에서 특권을 누리던 양반 계층은 조선 후기 사회변동 속에서 양반직역자의 수가 증가하고, 일부 양반들이 잔반이라 불리며 몰락하면서 그 지위가 흔들리게 되었다.

13. 조선 후기 광작 및 상품화폐경제의 발달로 부민이 등장하는 모습, 신분상승 운동 및 노비 수 감소, 군공, 납속 등의 정책으로 인한 신분제 동요의 모습들이 관련될 수 있을 것이다.

선 전 포스터

김은영

1. 시대의 초상, 선전 포스터(propaganda poster)

우리 대부분은 초등학교(또는 국민학교) 시절 미술시간에 포스터를 그려본 기억이 있을 것이다. 자연보호, 공공질서, 불조심 등 학교에서 정해준 주제로 연필, 자, 포스터물감을 이용하여 정성스레 그림을 그리고, 짧고 강렬한 문구를 지어내려고 고심했던 기억이 떠오르지 않는가?

1980년대까지만 해도 포스터 그리기의 주요 주제 중 하나는 '반공'이었다. 이른바 '반공 포스터'는 사나운 눈을 치켜뜬 붉은 두더지를 정의의 손이 망치로 내려치는 섬뜩한 그림 아래 "때려잡자 공산당" 같은 과격한 구호가 덧붙여진 것이었다. 80년대까지 '국민학교'를 다녔던 사람들이라면 이 반공 포스터를 한 번쯤은 그려봤을 것이다. 그런데 요즘 초등학교에서는 두더지를 때려잡는 반공 포스터는 더 이상 그리지 않는다. 반공 포스터는 왜 80년대까지만 그려졌을까? 선전 포스터에서 우리는 어떠한 역사적 사실을 읽어낼 수 있을까?

1) 포스터의 역사

포스터(poster)는 'post(붙이다)'에서 나온 말로, 게시물이라는 뜻이다. 즉 포스터는 애초에 특정한 의도를 가진 제작자가 대중에게 무언가를 널리 알리기 위해 만든 매체인 것이다. 단순한 그림(또는 사진)과 간결하고 호소력 있는 문구가 한 장에 담긴 포스터는 제작자의 주장을 직접 전달할 뿐 아니라 장소에 특별히 구애받지 않고 게시할 수 있다는 장점이 있다.

인류 역사상 최초의 포스터는 고대 이집트의 노예 체포 포고문이 효시로 알려져 있으나, 오늘날과 같은 본격적인 포스터는 19세기 유럽에서 기원했다고 할 수 있다. 19세기 유럽은 산업혁명을 거치며 자본주의가 심화되고 과학기술이 눈부시게 발전하여 번영을 구가하고 있었다. 과학기술의 발전은 문화를 더욱 대중에게 확산시켰다. 19세기 중반 고속인쇄가 가능한 윤전기가 등장하여 신문·잡지·서적 등 인쇄매체가 저렴한 값에 널리 퍼질 수 있었던 것이 대표적인 사례이다.[1]

19세기 유럽에서 자본주의의 심화와 인쇄기술의 발달, 그리고 문화의 확산이라는 삼박자 속에서 탄생한 것이 바로 근대 포스터이다. 1877년 프랑스의 쥘 셰레(Jules Chéret)가 다색 석판으로 포스터를 제작하면서 현재와 같은 형태의 포스터가 제작되기 시작했는데, 이때 포스터는 주로 상업적 목적에서 만들어졌다. 상품이나 공연 등을 더 많은 사람들에게 홍보하기를 원하는 자본가·제작자

1895년 알폰스 무하가 파리 연극계의 여왕 사라 베르나르의 의뢰를 받고 그린 첫 포스터 '지스몽다'가 대히트를 쳤다. 이후 포스터는 예술의 반열에까지 오르게 된다.

---

1 국가과학기술자문회의, 『과학이 세상을 바꾼다』, 크리에디트, 2007, 205쪽.

136

들의 요구가 늘어나면서 광고 포스터 제작이 활발해졌고, 인쇄술의 발달에 힘입어 포스터는 빠른 시일 안에 널리 전파되었다. 그리고 알폰스 무하(Alphonse Mucha), 앙리 툴루즈 로트렉(Henri de Toulouse-Lautrec) 등 예술적으로 뛰어난 화가들이 제작에 참여하면서 포스터는 회화예술의 한 장르로 인정받게 되었다.

사진 기술이 발달한 19세기 후반 이후에는 사진이 포스터의 중요한 요소로 사용되었다. 사진은 사실적으로 사물과 사건을 보여줄 수 있는 장점을 가졌기 때문에 상품광고나 홍보 기능을 강조하는 포스터의 성격과 잘 들어맞기 때문이다.

오늘날에도 포스터는 공익 홍보, 상업 광고, 영화 홍보 등 다양한 분야에서 활용되고 있다.

2) 선전 포스터의 전성시대

사실 포스터는 무언가를 '알리는' 데에만 목적을 두는 것이 아니라, 궁극적으로는 사람들을 '움직이는' 데에 목적이 있다. 아이돌 스타가 피자를 한 입 크게 베어 문 광고 포스터는 그것을 본 사람들도 그 피자를 사먹도록 유혹하는 것이고, 멋진 영웅과 강력한 악당이 묘사된 영화 포스터는 사람들의 흥미를 자극해서 관람을 유인하려는 것이다. 포스터가 가진 가장 본질적인 목적, 즉 사람들의 행동을 변화시키려는 의도가 가장 직접적으로 드러난 것이 바로 선전 포스터이다. 상업 광고 포스터가 소비자의 욕구를 자극해서 행동을 선택하도록 하려는 것에 비해, 선전 포스터는 직접적으로 사람들의 의식을 통제해서 행동을 유발하려고 한다. 예를 들어, 전국 지하철역에 붙어있는 '우측통행' 포스터는 '원하면 우측통행하고 아니면 말고'가 아니라, '반드시 우측통행 하라'는 강력한 메시지가 담겨있는 것이다.

선전 포스터는 제1차 세계대전을 전후하여 대량 제작·배포되면서 본격적으로 등장했다. 제1차 세계대전 중 미국 정부는 참전에 반대하는 국민을 설득하기 위하여 최초로 연방공보위원회(United States Committee on Public Information)[2]를 설립하였다. 이때 징병 또는 국채 모금을 독려하거나, 적의 잔혹성을 강조하는 선전 포스터들이 대량 제작되었다. 제1차 세계대전에 참전한 다른 나라들에서도 비슷한 주제의 포스터가 많이 제작되었으며,

제1차 세계대전 시기 미국의 징병 포스터.
이 포스터를 본 많은 미국 청년들이 군대에 지원했다.

특히 전체주의 국가인 독일과 소련은 조직적인 선전 체계를 갖추고 제2차 세계대전에 임했다.[2] 그중에서도 혁명과 전쟁을 동시에 겪은 러시아(소련)의 선전 포스터는 구성주의의 영향으로 상당한 예술적 성취를 이뤄냈다고 평가받기도 한다.[4] 전후 선전 포스터는 특히 소련, 중국 등 사회주의 국가에서 널리 활용되며 발전하였다.

　우리나라에서는 일제 강점기에 조선총독부가 1920년대부터 본격적인 정보선전 정책을 시작하였고, 한국 통치에 대한 이미지 쇄신을 기획하면서 그 업무 담당부서로 조선정보위원회가 설치되어 본격적인 정치선전이 시작되었다.[5] 그 외에 조선총독부의 각 부서들도 필요에 따라 갖가지 선전활동을 하였다. 그리고 1930년대 이후 만주사변, 중일전쟁, 태평양전쟁 등 전쟁의 시대에 들어서면서 국민정신총동원 조선연맹(1938년), 그 후신으로 국민총력 조선연맹(1940년)이 총독부 산하로 설립되어 전쟁 협력을 위한 대국민 선전활동이

2　에드워드 버네이스, 강미경 역, 『프로파간다-대중 심리를 조종하는 선전 전략』, 공존, 2009, 7~9쪽.

3　1916년 미국의 우드로 윌슨 대통령에 의해 설치된 연방선전기관. 위원장 조지 크릴의 이름을 따서 크릴 위원회로 불리기도 한다.

4　존 바니콧, 김숙 역, 『포스터의 역사』, 시공사, 2000, 217쪽.

5　박순애, 「朝鮮總督府의 情報宣傳政策」, 《한중인문학연구》 9, 한중인문학회, 2002.

더욱 활발해졌다. 이 시기에 각종 동원령과 공출, 전시생활 관련 내용의 포스터가 많이 제작되었다.

광복, 그리고 분단과 6·25 전쟁을 겪고 난 후 대한민국 정부는 근대화 달성과 국민국가 정비를 위해 국민의 의식과 신체를 통제하려고 했다. 이에 따라 정치선전부터 생활개선 캠페인까지 다양한 분야에서 계몽적 성격의 캠페인이 시행되었다. 특히 1960~1980년 대에는 각종 범국민운동의 범람과 함께, 반공, 절미·혼분식 장려, 쥐잡기, 절약, 불조심, 가족계획, 저축 등의 주제로 많은 포스터가 제작·배포되었다.

이처럼 선전 포스터는 특히 국가 기관이 주도하는 캠페인 홍보용으로 많이 이용된다. 정부가 국민들의 의식과 관습을 새롭게 바꾸려고 할 때, 물리적 강제보다는 캠페인을 통해 국민들의 의식을 조종하려고 한다. 그 편이 더 자연스럽게 정부의 의도가 관철되기 때문이다. 또한 정부의 이미지를 쇄신하기 위해서도 선전 포스터가 많이 이용된다. 정부가 이룬 성과를 때로는 과장하여 보여줌으로써 국민들이 정부에 자발적으로 협조하도록 만들려는 것이다.

이러한 시도는 근대 국가를 건설하는 과정에서 많이 나타난다. 근대화에 진입한 여러 나라들은 새로운 국민 만들기에 힘을 쏟았다. 국가가 원활하게 운영되려면 시민들이 기꺼이 일하고, 생산하고, 건전한 몸을 가지며, 국가 정책에 능동적으로 협조해야 한다. 그래서 국가는 교육, 공중보건, 위생, 인구통계, 출산 정책 등을 통해 인간의 몸을 적극적으로 규율한다. 그뿐 아니라, 국가의 상황에 따라 전쟁참여 독려 또는 반공 등 캠페인을 통해 국민들의 의식을 통제하기도 한다.

우리 역사에서는 일제 강점기 이래 국가 차원의 각종 캠페인 및 선전이 많이 이루어졌다. 일제 통치기구와 해방 후 한국 정부는 각자 국정운영의 지향점은 달랐으나, 국가 정책을 미화하여 선전하고 정부 정책에 부합하는 계몽 캠페인을 통해 국민의 의식과 일상생활을 통제하려 했다는 점에서는 공통점을 가진다. 선전 포스터를 살펴보는 것은 당시 정부의 정책 내용 및 의도를 이해하면서 그 시대를 살았던 사람들의 일상을 들여다볼 수 있는 계기가 된다.

한편, 선전 포스터는 당시 정부가 추구하는 이념과 정책을 반영하고 있으므로 시내와 정책의 변화에 따라 그 내용도 달라진다. 1990년대 이후 학교에서 예전과 달리 반공 포스터를 더 이상 그리지 않게 된 것은 국내외 정세 변화로 정부의 대북 정책이 변화했기 때문이다. 1980년대까지 '반공'이 국가 정체성으로 강조되었는데, 이때 반공은 정권유지의 기능으로도 작용하고 있었다. 학교 교육에서도 '반공'을 최고의 가치로 가르쳤다. 무장공비에게 "나는 공산당이 싫어요"라고 말했다가 입이 찢겨 죽었다는 이승복 어린이 이야기는 당시 국민학생들에게 반복적으로 주입되는 이야기였다. 비슷한 어린 나이에 공산당에게 잔인하게 살해당했다는 이승복 이야기는 당시 어린이들에게 북한에 대한 공포와 분노를 심어주었고, 이러한 반공 정서가 가장 구체적 형태로 형상화된 것이 반공 포스터였다. 그러나 1990년대 들어 냉전 체제가 종식되고 우리나라의 민주화가 발전하고 남북관계가 개선되기 시작하면서 포스터에서도 새로운 경향이 나타났다. 반공보다는 평화와 통일이 새로운 화두로 떠올랐고 학교 현장에도 그러한 분위기가 스며들면서 반공 포스터 대신 통일 포스터를 그리게 되었다. 이처럼 어떤 특정 선전 포스터가 많이 제작된 시대와 더 이상 제작되지 않게 된 시대의 차이를 살펴보는 것 또한 선전 포스터에서 눈여겨볼 주요한 지점이다.

2. 선전 포스터 활용하기

1) 선전 포스터의 '보이는 부분' 읽기

포스터의 교육적 활용에 대해서는 주로 미술교육에서 연구가 이루어져 왔으므로 포스터 디자인 교육, 포스터 디자인 감상 방법 연구 등 미술 교과의 한 부분으로서 포스터 제작과 감상이 학생들에게 어떻게 이루어져야 하는가에 초점이 맞추어져 있다.

역사교육에서는 여러 시각자료를 다룬 연구들은 있으나,[6] 시각자료 중 포스터만 다룬 역사교육 연구는 거의 없다. 다만, 포스터를 역사학의 소재로 다룬 몇몇 연구[7]에서 도상학적 이미지 분석을 통한 시대상 해석 등은 역사교육에도 방법론적으로 응용해볼 만하다.

선전 포스터를 한국 근현대사 수업자료로 활용할 때, 우선 포스터라는 '그림'을 읽어 내는 방법에 주목해야 한다. 그림을 읽는다는 것에는 여러 가지 의미가 담겨 있다. 관객은 그림에서 정서적(emotional) 감동을 받거나, 지각적(perceptual) 쾌감을 얻거나, 지성적(intellectual) 자극을 받거나, 영성의(spiritual) 울림을 얻는다.[8] 선전 포스터를 보는 학생들도 각자 다양한 감상을 가지고 그림을 보게 될 것이다. 학생의 반응이 다양함을 고려하면서도 일단은 수업자료로서 선전 포스터를 읽어내려면 조금 더 체계적이고 분석적인 감상이 필요하다.

선전 포스터를 비롯한 시각자료는 독자의 역사 이해에 어떠한 역할을 하는가에 따라 이미지 자료, 설명 자료, 예증 자료, 해석 자료로 구분된다.[9] 이 가운데 선전 포스터는 대개 이미지 자료이자 해석 자료에 해당한다. 선전 포스터를 활용한 근현대사 수업에서 기대되는 효과는, 이미지 자료로서 형식 특징과 해석 자료로서 내용 특징에서 찾아볼 수 있다.

첫째, 포스터는 형식상 치밀하며 작위적 구성을 가진다. 이는 다른 시각매체들과 비교해볼 때 그 의의가 있다. 회화가 그 자체로 목적성을 갖는 데 비해 포스터는 목적을 위한 수단의 역할을 하기 때문에 주제가 뚜렷이 제시된다. 그리고 사진과 비교해볼 때, 사진에는 작가의 의도가 전제되어 있기는 하지만, 우연히 비의도적인 요소가 개입될 수도 있다. 그러나 포스터에서 우연적 요소는 배제된다.

한편 사용되는 색도 대부분 원색 계열이거나 주제가 진한 색으로 강조되는 특징이 있다. 그리고 주제와 관련된 인물·사물 등이 과장되거나 축소되어 표현되기도 하므로, 만화나 인터넷 게임에 익숙한 오늘날의 중·고등학생들에게도 친근한 표현매체로 다가갈

6　김한종, 「역사교육에서 미술사자료의 텍스트성과 그 활용」, 《文化史學》 11·12·13, 韓國文化史學會, 1999; 김한종, 「국사수업에서 인터넷 미술사자료의 활용」, 《歷史敎育》 75, 歷史敎育硏究會, 2000; 전국역사교사모임, 『미술로 보는 우리 역사』, 푸른나무, 1992; 이종경 外 이화여자대학교 역사교육과 대학원 논문 다수.

7　박상욱, 「복지인가? 프로파간다인가? 나치 포스터에 나타나는 민족공동체 이미지 분석−나치 복지포스터를 중심으로」, 《역사와 경계》 59, 부산경남사학회, 2006; 박상욱 「독일 "혁명 포스터"(1918/19)의 '反혁명' 논의」, 《大邱史學》 90, 대구사학회, 2008; 신용옥, 「반공독재와 '조국근대화'−포스터에 드리워진 근대의 초상」, 《내일을 여는 역사》 2, 신서원, 2000; 황동하, 「소련의 전시 포스터에 등장하는 어머니 이미지에 대한 연구」, 《역사와 문화》 9, 문화사학회 편, 푸른역사 2004.

8　진중권, 『교수대 위의 까치』, 휴머니스트, 2009, 15쪽.

9　김한종, 「역사의 표현 양식과 국사 교과서 서술」, 《歷史敎育》, 76, 역사교육연구회, 2000.

수 있을 것이다. 이미지 자체가 가지는 힘은 직관적으로 학생들의 심상에 작용한다. 이미지는 흥미와 상상력을 자극하고 이는 곧 학습의 내적 동기가 된다.

2) 선전 포스터의 '보이지 않는 부분' 읽기

이제까지 역사학습에서 포스터 자료는 서술 텍스트를 보조하는 정도로만 이용되었다. 그러나 20세기 이후 이미지 매체가 발달하면서 나타난 근현대 선전 포스터 자료는 사료로서 충분한 가치를 가지며 수업에서 활용될 여지가 높다. 그런데 선전 포스터를 가지고 역사학습을 위한 문항을 제작하는 과정에서 주의할 점이 있다. 포스터라는 제한적 이미지 텍스트를 주요 사료로 삼은 데서 발생하는 난점이 바로 그것이다.

일반적으로 학생들은 서술 텍스트에 비하여 포스터와 같은 시각자료를 더 쉽고 흥미롭게 받아들인다. 그러나 문제는 얼마나 깊이 있게 역사를 이해할 수 있는가 하는 점이다. 포스터 자체만을 가지고 그것이 제작된 시대배경이나 숨겨진 의도까지 학생들이 스스로 파악해내는 것은 어렵다. 학생들의 사전지식이 부족할 경우, 포스터 자체만 보고 시대상을 읽어내기란 불가능에 가깝다. 교사의 안내가 반드시 필요하며, 이해를 돕기 위해 사진, 신문기사, 소설, 광고, 설명문 등 해당 포스터 외의 다른 자료를 함께 제시할 수도 있다. 포스터 자체만으로 심층적 의미와 그 역사상을 읽어낼 수 있는 좋은 문항을 개발하기 위해서는 적절한 포스터를 고심하여 발굴·선택하고, 연관된 다른 자료를 제시할 때에도 포스터와 균형을 맞추어 세심하게 조율해야 할 것이다.

한편, 대상을 정부 선전 포스터에 한정시킴으로써 일반 민중의 자발적 운동이나 주체적 시각 등은 간과된 채 공식적인 국가 정책에만 초점을 맞추는 결과를 낳게 될 수도 있다. 원래 포스터의 성격상 일반 대중에게 공시되기 위한 목적을 가지기 때문에 정부 및 관변 단체의 선전 포스터가 상대적으로 더 많이 제작되기는 하였다. 하지만 1920년대의 물산장려운동 포스터나 형평운동 포스터, 또는 1980~90년대의 민주화운동 포스터 등 일반 민중의 주체적 활동을 보여주는 포스터들도 있는 것이 사실이므로 균형 잡힌 시각에서 포스터를 선정하고 제시해야 한다.

3. 탐구문항 만들기

1) 선전 포스터 선정

한국 근현대사 학습에 활용할 선전 포스터를 선정할 때 유의할 점은 그 포스터가 얼마나 시대상을 잘 드러내고 있는가 하는 것이다. 역사학습에서는 포스터의 예술성에 주목하기보다는 포스터가 게시된 시대의 역사성을 포착해내는 것이 목적이기 때문에 자료를 선정할 때부터 그 점을 고려해야 한다.

선전 포스터는 작자 미상인 경우가 대부분이다. 포스터를 그린 사람의 개인적 성향이나 사상과 관계없이 포스터 제작의 주체, 즉 정부 기관의 의지가 직접적으로 반영되기 때문이다. 그러므로 선전포스터를 선정할 때는 대체로 화가가 누구인지는 크게 중요하지 않다. 그보다는 제작 주체가 누구인지를 파악하는 것이 중요하다.

포스터의 그림과 글에 직접적인 메시지가 담겨 있어서 누가 보아도 이해하기 쉬운 것을 선정해야 하는 점도 염두에 두어야 한다. 특히 학생들이 보기에 어렵지 않아야 한다. 일제시대에 제작된 포스터에는 일본어 문구가 들어가 있는데, 이때 교사가 뜻을 충분히 설명해줄 필요가 있다.

선전 포스터는 인터넷에서 많이 찾을 수 있다. 국가기록원 나라기록포털의 전시콘텐츠 카테고리에 있는 '구호로 보는 시대 풍경전: 포스터, 시대가 보여요'와 같은 사이트가 대표적이다. 그 외 여러 국가 기관 자료실 및 개인 블로그나 홈페이지에서 찾아볼 수 있다.

단행본으로는 서울시립대학교박물관에서 펴낸 『캠페인을 보면 사회가 보인다』(도록, 2002), 1997년 광주 비엔날레 전시물을 모은 『97 광주 비엔날레 특별전: 일상·기억·역사―해방 후 한국미술과 시각문화』(도록, 1997) 등이 참고할 만하다.

일본은 한국을 강제 병합한 1910년대 이래 동화(同化) 정책을 펴서 한국인을 포섭하려고 했다. 일본 천황 아래 일본인과 한국인이 차별 없이 평등하다는 '일시동인(一視同仁)'은 1910년대 일제의 동화주의를 대표하는 구호였다. 그런데 〈자료 2〉 기사에서 미나미 총독이 언급했듯이 강점 초기인 1910년대에는 주로 '내선융화'라고 하는 동화 정책의 초기 단계가 실시된 데 비해 1930년대 이후로는 적극적인 '내선일체' 단계로 변화하게 된다.

1930년대 들어와 대륙침략 전쟁을 본격화하면서 일제는 한국인에 대한 통제를 강화하였다. 중일전쟁 이후 이른바 '황국신민화 정책'을 실시하면서 한국인의 민족성을 아예 말살하려고 했다. 황국신민서사 암송을 강요하고, 전국에 신사를 만들어 한국인을 강제로 참배시켰다. 학교교육 현장 및 관공서에서 전면적으로 일본어 사용이 시행되었고, 창씨개명이 강요되었다. 이러한 정책들은 1936년 미나미 총독이 부임한 뒤 '내선일체'라는 취지로 진행되었는데, 이는 전쟁을 원활하게 수행하기 위해 한국인 동원을 쉽게 하려는 방책이었을 뿐, 한국인과 일본인을 실제로 동등하게 대우하는 조치는 아니었다.

하지만 일제의 동화주의 정책은 내면에 차별을 전제하고 있었다. 한국이 일본의 문명 수준으로 올라와야지만 진정한 동화가 가능하다면서 그때까지 일본의 지도를 받아야 한다고 본 것이다. 이러한 차별적 동화주의 정책은 〈자료 1〉 포스터에서도 명확히 구현되어 있다.

두 소년이 어깨동무를 한 채 달리고 있다. 두 소년의 다리가 서로 붙어있는 것으로 보아 운동회의 2인 3각 달리기 시합에 나간 듯하다. 왼쪽 소년의 가슴팍에는 '선(鮮)', 오른쪽 소년의 가슴팍에는 '내(內)'라고 되어 있어 각각 조선(한국)과 일본을 의미함을 알 수 있다. 두 소년은 언뜻 보면 같이 가고 있는 것처럼 보이나, 자세히 보면 일본 소년이 조선 소년을 적극적으로 끌고 가고 있다. 그 모습이 뜻하는 바는 '協力一致 世界の優者(협력일치하여 세계의 우승자가 되자는 의미)'라는 구호에 잘 나타나 있다. 즉 일본의 지도 아래 한국이 이를 잘 따르면 선진국이 될 수 있다는 주장이다. 이 포스터는 내선일체를 홍보하는 가장 유명한 선전 포스터 중 하나이다.

한편 포스터와 함께 같은 시기에 나온 잡지 기사(자료 2)를 함께 제시하여 더욱 깊이 있는 이해를 끌어낼 수도 있다.

자료 1 '내선일체' 포스터

자료 2 미나미 총독의 인터뷰 기사

- 기자: 중일전쟁 이래 조선은 **내지(內地) 국민**으로부터 한층 주목받고 있는데요, 조선이 이번 전쟁에서 국가적으로 어떤 역할을 했는지에 대해 자세히 알고 싶어 합니다.
- 미나미: 중일전쟁 이래 **조선(朝鮮) 인민**이 진심으로 **내선일체** 사상을 갖게 된 것은 획기적인 일이지. 실제로 내지 사람들도 대륙으로 가기 위한 발판으로, 또 병참기지로서 조선이 얼마나 중대한 책임을 짊어지고 있는지 잘 깨달았으면 하네. 지원병 제도가 시행된 이후 현재 조선인은 국체와 시국을 잘 인식하고 각성해서 지원병이 되려고 지원하는 자가 많아졌어.
- 기자: 내선일체 정신에 대해 말씀해주십시오.
- 미나미: 합방 당시는 내선융화가 방침이었지만 지금은 내선일체이고, 특히 만주사변과 중일 전쟁 이후는 대단한 진전을 보여 반도가 스스로 앞장서서 황국신민이 되고자 하는 성심을 열렬히 보이고 있어. 한마디로 내선일체의 정신이라는 것은 충량한 황국신민이고자 하는 정신이지

「미나미 총독은 말한다: 본지 기자와의 대담록」, 잡지 《모던 일본》 조선판, 1940

2) 문항 만들기

한국 근현대사 학습에 선전 포스터를 활용하기 위한 구체적 방안으로 파노프스키의 도상해석학 이론을 응용하여 표현 분석, 주제 분석, 의미 분석으로 나누어 분석을 조직화하였다.[10] 이 중 표현 분석과 주제 분석은 포스터 안에서 이미지와 텍스트를 분석하는 것이다. 즉 시각적으로 표현된 이미지와 문자를 보이는 대로 나열해보고, 그 내부적 상황 및 분위기 등을 읽어내서 주제를 파악한다. 의미 분석은 포스터 밖에서 포스터가 만들어진 배후(제작자, 대상, 목적 등)를 찾아내고 나아가 제작자의 숨은 의도를 찾아내어 비판적 읽기까지 해보는 것이다.

그 외에도 다양한 학습활동이 가능하다. 제시된 포스터를 분석하여 읽어내는 것 이외에도, 학생들이 직접 능동적인 생산자가 되어 볼 수도 있다. 예를 들어, 검열관이 되어 포스터 형식과 내용을 비판하기, 당대 사람이 되어 포스터 감상을 글로 작성하기, 같은 주제의 포스터 만들어보기, 해당 포스터와 반대 주장을 담은 포스터 만들어보기 등을 학생들이 직접 해봄으로써 학습효과를 높일 수 있다.

■ 1단계 : 표현 분석

포스터를 읽는 가장 첫 번째 단계는 포스터에 나와 있는 그림과 글자를 보이는 그대로 파악하는 것이다. 포스터에 그려진 내용은 무엇인가? 등장하는 인물은 누구이며 사물은 무엇인가? 주로 사용된 색채는 무엇인가? 그림과 함께 등장하는 글 내용은 무엇인가?

문항 1. 자료 1의 포스터에 그려진 두 소년을 보고 답하세요.

　　　① 소년들은 무엇을 하고 있습니까?

---

10 파노프스키는 ① 전도상해석학적 단계, ② 도상해석학적 단계, ③ 도상학적 단계를 미술 분석에 적용하였다. ①은 그림 위의 사실적, 표현적 요소를 찾는 것이고, ②는 그림 속의 주제, 이야기나 알레고리를 이루는 것을 발견하는 것이다. ③은 그림 속 대상이 가지는 상징적 가치, 내재적·심층적 의미를 종합적 직관을 통해 파악하는 것이다(파노프스키, 『도상해석학 연구』, 시공사, 2003).

② 두 소년 중 누가 더 적극적이고 활발해보입니까? 두 소년의 사이는 어떻게 보입니까?

③ 왼쪽 소년의 가슴팍에는 '鮮(선)', 오른쪽 소년의 가슴팍에는 '內(내)'라는 글자가 쓰여있습니다. 이 글자는 무엇을 뜻할까요? (자료 2를 참고해서 답하세요.)

문항 2. 이 포스터의 맨 밑에 보이는 구호는 어느 나라 말로 써 있습니까? 혹시 아는 한자가 있다면 읽고 뜻을 추측해봅시다.

■ 2단계 : 주제 분석

1단계에서 보이는 그대로 상황을 읽어봤다면, 2단계에서는 그것이 나타내는 주제가 무엇인지를 생각해본다. 이 포스터가 전달하고자 하는 바는 무엇인가?

문항 3. 두 소년의 모습을 통해 짐작할 수 있는 포스터의 주제를 자료 2에서 찾아 네 글자로 써보세요.

■ 3단계 : 의미 분석

이 포스터는 누가, 언제, 누구에게 보이기 위해서 만들었는가? 이러한 것들을 생각해보면서 포스터가 만들어진 시대배경과 포스터를 만든 사람들의 의도를 읽어내고 포스터의 의미를 완전하게 파악해볼 수 있다. 또한 한 발 더 나아가, 이 포스터를 접했을 당대 사람들의 입장에서 포스터를 바라보도록 해볼 수도 있다.

문항 4. 자료 1과 자료 2를 보고 생각해봅시다.

① 이 포스터의 제작자는 일본과 조선(한국) 중 어느 나라의 입장에 서 있을까요? 이 포스터는 어느 나라 사람에게 보이려고 만들었을까요?

② 이 포스터가 그려진 시기에 어떤 일이 일어나고 있었을지 자료 2를 참고로 하여 추측해봅시다.

③ 이 포스터의 내용을 실현시키기 위해 추진된 정책들을 자료 2에서 찾아 써 봅시다.

문항 5. 당시 거리에서 이 포스터를 직접 보았던 조선인(한국인)들은 어떤 생각을 했을까요? 당시 사람의 처지에서 이 포스터를 평가해봅시다.

■유제■ 다음 세 가지의 다른 '가족계획 캠페인' 포스터를 보고 물음에 답해봅시다.

포스터 A

■ 1단계 : 표현 분석

문항 1. 포스터 A의 가운데에 있는 어린이들을 살펴봅시다. 어린이들은 몇 명이고, 무엇을 하고 있습니까? 성별은 무엇입니까?

문항 2. 어린이들 위로 뻗어 있는 화살표가 가리키는 지점에 보이는 것들을 묘사해봅시다.

문항 3. 이 포스터의 중심 구호를 옮겨 적어봅시다.

문항 4. 포스터 가운데 있는 화살표에 써 있는 문구를 한 번 써봅시다.

문항 5. 이 포스터가 제작된 연도는 언제이며, 발행한 곳은 어디입니까? 포스터 맨 아래에서 찾아봅시다.

■ 2단계 : 주제 분석

문항 6. 이 포스터의 그림과 구호를 통해 볼 때 자녀를 몇 명 가질 것을 권장하고 있습니까?

문항 7. 이 포스터의 주제를 '인구'와 '경제 성장'이란 단어를 넣어서 말해봅시다.

■ 3단계 : 의미 분석

문항 8. 포스터의 구호 중 '딸·아들 구별말고'란 표현을 볼 때, 당시 자녀의 성별 중 어느 쪽을 더 선호했던 것으로 보입니까?

문항 9. 이 포스터는 누가 누구에게 무엇을 홍보하는 내용입니까?

문항 10. 포스터 제작 연도와 주체를 고려하여 이 포스터가 의미하는 바가 무엇인지 생각해봅시다.

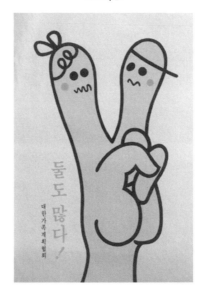

■ 1단계 : 표현 분석

문항 11. 이 포스터에서 핵심적으로 보이는 두 손가락은 무엇을 뜻합니까?

문항 12. 두 손가락의 표정이 어떠합니까?

문항 13. 이 포스터의 구호를 옮겨 써봅시다.

■ 2단계 : 주제 분석

문항 14. 이 포스터의 그림과 구호를 통해 볼 때 자녀를 몇 명 가질 것을 권장하고 있을
까요?

■ 3단계 : 의미 분석

문항 15. 이 포스터를 발행한 곳은 어디입니까?

문항 16. 이 포스터를 제작하게 된 배경은 무엇일까 생각해봅시다.

포스터 C

아빠! 혼자는 싫어요.
엄마! 저도 동생을
갖고 싶어요.

보건복지부 · 대한가족보건복지협회

■ 1단계 : 표현 분석

문항 17. 포스터 속의 가족에 대해 묘사해봅시다. 모두 몇 명입니까? 가족 구성원은 어떻게 됩니까? 분위기는 어떻습니까?

문항 18. 포스터에 써 있는 문구를 옮겨 써봅시다.

■ 2단계 : 주제 분석

문항 19. 이 포스터의 그림과 구호를 통해 볼 때 자녀를 몇 명 가질 것을 권장하고 있습니까?

■ 3단계 : 의미 분석

문항 20. 이 포스터를 발행한 곳은 어디입니까?

문항 21. 이 포스터가 제작된 시기는 언제일지 추측해봅시다.

　　　① 1960년대　　　② 1980년대　　　③ 2000년대

문항 22. 문항 21과 같이 답한 이유를 설명해봅시다.

문항 23. 다음 자료를 읽고, 포스터 A~C가 어느 자료에 해당되는지 답해봅시다.

(가) – 포스터 (　　　　　)

연 인구증가율을 1.5%로 묶어 오는 76년의 인구를 3,400만선에 머무르게 해 국민 1인당 총생산을 69년의 198달러에서 389달러로 끌어올리려면 이제부터는 모든 기혼 부부가 자녀를 둘만 낳아야 하며 그러자면 또 아들, 딸을 가려서는 안 된다는 이야기다. 그러나 이 같은 정부의 계획은 아들을 꼭 보려는 기혼 부부들의 생각이 변하지 않고 그들의 이상적 자녀수가 3명선을 내려서지 않기 때문에 큰 난관에 부닥쳤으며 이 때문에 세계적 성과를 올린 한국의 가족계획도 일대 전환을 할 때가 왔다.

1972.3.14 ○○일보

(나) – 포스터 (　　　　　)

오늘 하오 10시 51분 28초를 기해 우리나라 인구가 4천만 명을 넘어선다. 정부는 29일 인구 4천만 돌파를 계기로 인구증가 억제 시책 방향을 지금까지의 두 자녀 갖기 운동에서 두 자녀 이하 갖기 운동으로 바꾸고 두 자녀 이하 가정에 대해서는 각종 혜택을 주는 대신 세 자녀 이상을 가진 가정은 불이익을 주는 등 보다 적극적이고 종합적인 인구대책을 강구키로 했다.

1983.7.29 ○○일보

(다) – 포스터 (　　　　　)

우리나라의 노인 대비 청년 인구 비율이 세계에서 가장 빠른 속도로 떨어지는 것으로 나타났다. 이처럼 청년인구가 급감하고 노인인구가 증가하면 노동력 공급이 줄고 노동의 효율성도 낮아져 경제성장률이 떨어질 수 밖에 없다.

2009.11.25 ○○일보

문항 24. A~C의 가족계획 포스터의 발행처를 볼 때, 가족계획사업의 주체는 어디일까요?

문항 25. 가족계획 포스터가 A → B → C로 변화하게 된 사회경제적 배경은 무엇이었을까요?

○ 시대배경과 문항해설

한국 정부는 1960년대 이후 적극적인 경제성장 정책을 추진하는 가운데 높은 인구 성장률이 경제성장 잠재력을 저해한다고 판단하였다. 경제·사회 발전의 기본 전략의 하나로써 인구성장률 저하를 목표로 한 가족계획사업은 1962년부터 본격적으로 시행되었다. 정부는 가족계획사업 10개년 계획을 세워 지속적인 캠페인과 조세 정책, 보급 등을 실시했으며, 대한가족계획협회는 가족계획사업을 지원·촉진하기 위해 설립된 단체였다. 성공적인 가족계획사업의 결과로 1970년대 말 이후 인구 과잉은 상당히 해소되었다. 그런데 1980년대 후반 이후 출생률이 낮은 수준에 근접하게 되자 오히려 출생률 저하가 우려되는 상황이 벌어졌다. 이에 정부는 1980년대 후반 피임도구의 무료공급을 중지하였고, 1996년에 출산억제 정책을 인구자질향상 정책으로 전환하였다. 그럼에도 불구하고 합계출산율은 점점 낮아지더니 2005년에는 1.08명으로 등으로 더욱 낮아졌다.[10] 이러한 저출산 현상은 미래의 노동력 감소 문제와 함께 고령화로 인한 사회적 부담의 과중이라는 측면에서 정부의 해결과제로 등장하였다.

근대 국가는 출산을 개인의 사생활이 아닌 국가적 사업으로 파악하여 간섭하고 통제하였다. 일제 강점기에도 특히 1930년대 중반 전시체제 이후로 전쟁 인력을 확보하기 위한 필요에서 산아제한을 금지하고 노골적으로 출산을 장려하였던 적이 있으며,[11] 해방 이후 사회적 요인으로 인구가 증가했다가 6·25 전쟁 이후 인구가 폭발적으로 늘어나면서 정부 차원의 산아제한 대책이 등장했다. 1960~1980년대의 인구 억제책은 경제성장 정책과 관련이 있다. 아들을 선호하고, 노동력 때문에 다산을 추구했던 과거와는 달리 경제 성장률을 높이고자 인구성장을 억제하는 정책을 실시하였다. 이것이 지금까지 이어지고 있는 가속계획 캠페인이다. 한편, 2000년대 이후로는 서출산이 사회적 문제로 인식되면서 자녀 많이 낳기 캠페인으로 이전과 방향이 달라졌다.

이 포스터들은 각 시대마다 다른 지향점을 가졌던 가족계획 캠페인을 잘 보여준다. 가족계획의 주요한 추진 배경과 내용 분석을 통해 당시 시대상을 읽어낼 수 있을 것이다.

○ 답안 예시

예제

1. ① 함께 달리고 있다. / 2인 3각 달리기를 하고 있다.

　② 오른쪽 소년은 왼쪽 소년과 달리 전면을 바라보며 좀 더 힘차게 달리고 있어서 활발해보인다. 두 소년은 어깨동무를 하고 있는 것으로 보아 친해 보이지만, 왼쪽 소년이 힘없이 끌려가고 있는 것처럼 보인다.

　③ 왼쪽 소년의 '선'은 '조선', 오른쪽 소년의 '내'는 내지, 즉 일본을 뜻한다.

2. 일본어. 협력일치 세계우자(협력일치하여 세계의 우승자가 되자).

3. 내선일체

4. ① 일본의 입장에 서 있다. / 한국 사람에게 보이기 위해 만들었다.

　② 만주사변, 중일전쟁 등 일본의 대륙 침략

　③ 병참기지화, 지원병 제도

5. "말로만 내선일체지, 실제로는 조선이 일본에 완전히 복종하라는 것 아닌가?"

　"내선일체는 한국인과 일본인의 정치적 평등을 배제하고 단지 일본의 전쟁에 한국인을 동원하기 위한 수단일 뿐이다."

11　김호범·곽소희, 「한국의 인구전환 과정과 경제성장」《經濟硏究》 25-4, 2007.

12　소현숙, 「일제 식민지시기 조선의 출산통제 담론의 연구」, 한양대학교 대학원 석사학위 논문, 1999.

[포스터 A]

1. 어린이 두 명이 즐겁게 뛰고 있다. 왼쪽의 큰 아이는 여자아이이고, 오른쪽의 작은 아이는 남자아이이다.

2. 자동차, 넓은 집, 높은 건물, 선박

3. 딸·아들 구별 말고 둘만 낳아 잘 기르자.

4. 1981 1,000불 국민소득의 길

5. 1974년 보건사회부, 대한가족계획협회

6. 두 명

7. 두 명 이하로 자녀를 적게 낳아 인구를 줄여야 우리나라의 경제 성장이 빨리 이루어질 수 있다.

8. 아들(남아선호사상)

9. 정부 기관이 국민에게 자녀를 적게 낳자는 가족계획사업을 홍보하고 있다.

10. 1974년은 경제개발계획이 한창 시행되던 때였다. 효율적인 경제 발전을 위해서는 인구 억제가 필요했기 때문에, 각 가정에 세 명 이상 다자녀를 가지던 풍습을 버리고 두 명 이하의 자녀를 낳도록 국가 차원에서 독려하고 있는 것이다.

[포스터 B]

11. 두 자녀

12. 난감한 표정이다.

13. 둘도 많다!

14. 한 명

15. 대한가족계획협회

16. 인구가 너무 많아져서 두 명의 자녀도 많다는 사회적 분위기가 깔려 있다.

[포스터 C]

17. 네 명. 아버지, 어머니, 딸, 아들. 모두 환하게 웃고 있다.

18. 아빠! 혼자는 싫어요. 엄마! 저도 동생을 갖고 싶어요.

19. 두 명 이상 다자녀

20. 보건복지부, 대한가족보건복지협회

21. ③

22. 2000년대 들어 청년 인구가 감소하고 노인 인구가 늘어나는 현상이 벌어져, 저출산이 사회문제로 대두되었다.

응용문제

23. (가) 포스터 A   (나) 포스터 B   (다) 포스터 C

24. 보건사회부, 보건복지부 등 정부와 대한가족계획협회 등 단체. 주로 정부가 주도했다고 할 수 있다.

25. 배경 설명 참조.

지도

조민아 · 정재선 · 허두원

1. 정보의 보고, 지도

우리 삶에서 지리 정보는 다양한 형태로 이용된다. 생소한 장소를 찾아갈 때, 어떤 지역에 관한 역사적 근원을 물을 때, 경제적 이익을 위한 상권을 분석할 때도 지리 정보는 활용된다. 지리 정보는 구술, 문자, 그림 등 여러 가지 전달매체를 통해 그 내용을 구현한다. 그중에서도 그림은 아주 오랜 옛날부터 사용된 정보전달매체였다. 문자를 사용하기 이전의 원시인류는 간단한 그림을 그려 사냥이나 주거지역에 관한 정보를 공유했을 것이다. 단순하고 조악한 형태였지만, 이 시기 그림으로 그려낸 지리 정보가 오늘날 지도의 시초라고도 볼 수 있다. 지도는 문자보다 앞선 소통수단이었던 것이다.

인류의 역사가 발전하는 만큼, 지도는 다양한 인간의 생각을 담아내기 시작했다. 정밀한 측정기구가 없던 시대에는 직접 경험하고 체험한 내용을 담은 지도가 제작되었다. 그래서인지 오늘날 시각으로 고(古)지도를 보게 되면, 당시 그 지역에 살았던 사람들의 삶을 상상해볼 수 있다. 예컨대, 에라토스테네스[1]의 세계지도와 알 이드리시[2]의 세계지도, 고금화이구역총요도(古今華夷區域總要圖)를 비교해보면, 지도를 제작한 사람들의 가치관을 확인할 수 있다. 에라토스테네스의 세계지도에서는 동아시아에 대한 인식이 전혀 없다.

알 이드리시의 세계지도는 이슬람의 성지인 메카를 중심으로 세계를 표현하였다. 고금화이구역총요도는 중국의 중화사상을 바탕으로 제작된 지도임을 알 수 있다. 이들은 각자의 처지에서 전혀 다른 세계의 모습을 그려냈다.

고대 서양인, 11세기 무렵의 이슬람인, 12세기 무렵의 중국인은 자신들이 살고 있는 지역에서 조금 벗어난 곳까지만을 세계로 인식하였다. 그렇기 때문에 지도는 지리정보만을 기록한 단순한 그림이 아니다. 하나의 지도 안에는 그 지도를 탄생시킨 사회의 역사, 문화, 삶의 모습들이 숨어 있다. 세 지도를 통해 확인한 것처럼, 지도를 볼 때 어느 시대, 어느 사회에서, 누구에 의해 그려졌는지를 확인하는 작업은 지도가 제작된 당시의 사회 모습을 이해하고 해석할 수 있게 한다.[3]

그림 1 에라토스테네스의 세계지도

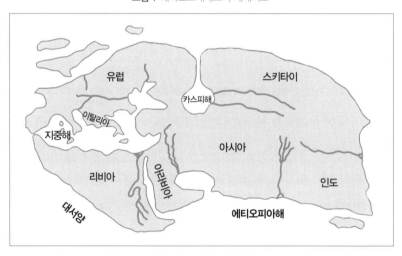

1 기원전 273~192년경 고대 그리스의 지리학자이다. 그리스 지리학을 집대성하여 『지리학(Geo-graphica)』(제1권 지리학사, 제2권 수리지리학, 제3권 세계지지)을 저술하여 고대과학으로서 지리학을 확립하였다. 그는 알렉산드리아(Alexandria)와 시에네(Syene, 현재의 Aswan) 간의 거리를 측정하여 5,000stadia라 하고, 이를 기초로 지구의 둘레를 25만 stadia(약 3만 9,360km)로 판단하였는데, 당시로서는 매우 정확한 계산이었다. 한편, 당시의 외크메네(Ökumene)의 범위를 나타내는 세계지도를 경위선을 사용하여 작성하였다. 그의 세계지도에는 인더스·갠지스 강, 스리랑카, 영국, 에이레 등이 표현되어 있다(출처: 『자연지리학사전』, 한울아카데미, 2006).
2 아라비아의 지리학자이자 지도 제작가이다. 모로코에서 출생하여, 에스파냐 코르도바에서 수학하였다. 시칠리아 섬의 팔레르모 궁전에 초청받았고, 왕의 요구로 은판에 새긴 천체도와 원반형의 세계지도를 제작하였다(출처: 『인명사전』, 민중서관, 2002).
3 KBS 제작팀, 『문명의 기억, 지도』, 중앙books, 2012, 7~17쪽.

그림 2 알 이드리시의 세계지도

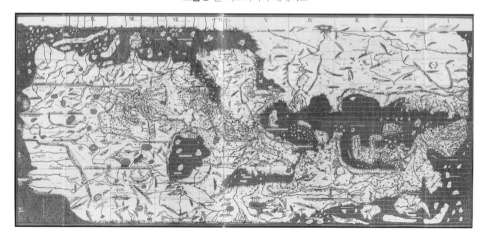

그림 3 고금화이구역총요도

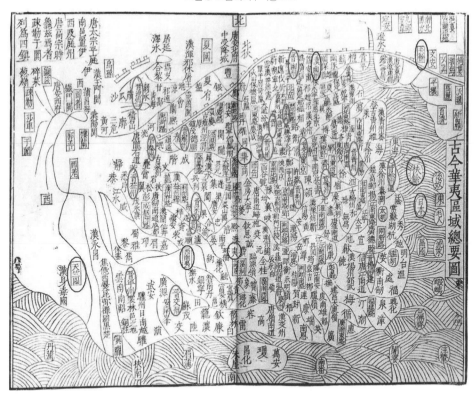

2. 지도 활용하기

지도는 수업에서 활용도가 높은 편이다. 말이나 글자로 된 설명보다는 시각화된 내용이 더 쉽게 전달되기 때문이다. 기후나 지형, 기상 등의 자연현상을 나타내는 자연지도는 지구과학이나 지리수업에서 적극 활용된다. 사회나 지리수업에서는 내용 이해의 폭을 넓히기 위해 정치, 경제, 사회, 문화 등의 인문 활동을 나타낸 인문지도가 널리 사용된다.

이들 교과목과 달리, 역사수업에서는 사료로 남아 있는 고지도를 활용하기도 한다(그림 4). 이전 시기의 역사적 사실을 다룬다는 역사 교과목의 특징을 적극 활용하는 셈이다. 그러나 고지도를 활용하기 위해서는 당대의 시각으로 지도를 읽어내는 작업이 반드시 필요하다. 역사학습의 궁극적 목표가 사실 이해를 넘어 시대성·역사성 파악이라고 할 때, 역사적으로 지도를 읽고 추론하는 과정은 시대적 특징을 파악할 수 있는 주요한 방안이 될 수 있다.

그림 4 혼일강리역대국도 지도(混一疆理歷代國都之圖)

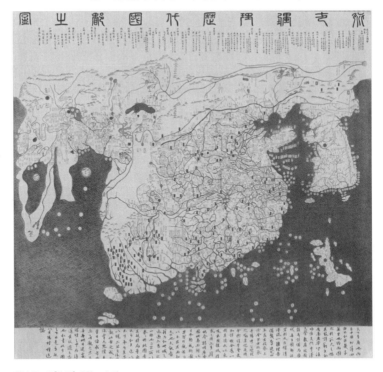

일본 류코쿠[龍谷] 대학교 소장

그림 5

4세기 한반도(백제의 발전)　　　　　　　　　5세기 한반도(고구려의 발전)

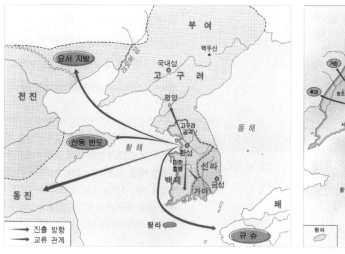
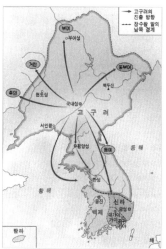

출처: 7차 교육과정 고등학교 〈국사〉 교과서, 교육인적자원부, 2007, 각각 49쪽, 50쪽.

이와 반대로 현대인들의 역사이해를 돕기 위해 제작된 지도도 있다(그림 5). 이들 지도에는 자연적이거나 인문적인 조건이 표시되어 있어 역사적 사실을 설명하는 데 도움을 준다. 또한 지명의 기원이나 의의, 역사학의 학문적 성과를 점이나 선, 색, 기호 등으로 표시하여 역사학습의 심화를 돕는다.

전자의 지도 활용방법(고지도 활용)은 역사적 추론 능력을 극대화시킨다는 점에서, 후자의 방법(현재 목적에 맞게 가공한 주제도 활용)은 내용 이해를 쉽고 풍부하게 한다는 점에서 의미를 찾을 수 있다. 그러나 두 가지 방안의 학습안 모두 지도 읽기 과정을 거쳐야 가능하기 때문에, 교수자의 역사적 배경지식은 매우 중요한 요소라 할 수 있다.

고찰 대상에 관한 동시대 기록이라 할 수 있는 고지도는 1차 사료로 취급할 수 있다. 따라서 지도를 읽는 과정은 사료를 해석하는 작업과 일치하기에, 정밀하고 세심한 접근이 요구된다. 특정 목적에 맞게 가공한 주제도는 역사적 사실을 토대로 역사학자가 다양한 자료에 기초하여 작성한 종합기록적 성격을 갖는다. 이러한 지도를 사용할 경우, 고지도 활용방법에서 추론과정과 거의 비슷하지만 2차 사료적 성격이 강하다는 점을 주지하여야 한다. 이러한 지도는 특정 정보만 표시하고 수록한 사례가 많기 때문에, 지도 제작의 목적과 의도를 파악하는 것이 중요하다. 또한 제작과정에서 의도치 않게 발생한 왜곡에 대해서도 주의해야 한다.

지도를 활용하여 역사학습을 도모할 때, 학습내용 및 방법에 따라 선택해야 할 지도의 종류는 달라진다. 지도가 편찬된 시점, 가치관을 이해하고자 한다면 '고지도'를 읽어야 한다. 한편, 그 시대의 지리적 정보를 이해하고자 한다면, 목적에 맞추어 발행된 역사지도를 사용하는 편이 좋다.

3. 탐구문항 만들기

1) 지도 선정

현행 역사수업에서 고지도를 다루는 경우는 거의 찾아보기 힘들다. 역사 교과서의 부교재격인 역사부도는 해당 내용에 맞춰 각색한 여러 지도들을 묶어 놓은 자료집이지만, 학교 현장에서 많이 쓰이지 못하는 편이다. 수업시수 부족이 가장 큰 문제지만, 지도 활용 면에서는 내용 추론과정이 생략된 채 그림만 나열된 식으로 교과서가 편성되었기에 나타나는 한계점이 더 크다.

역사 내용에 맞춰 참고할 수 있는 고지도는 매우 제한되어 있다. 그렇기 때문에 고지도와 역사지도를 적절히 취사선택하여 활용할 수 있어야 한다. 이러한 지도의 활용단계를 간추려 보면, 주제 선정, 지도 선택, 기초적인 지도 읽기, 역사와 관련 짓기, 역사적 의미 추론으로 나눌 수 있다.

예제 조선 후기 고지도 읽기

국가를 효율적으로 다스리는 행정적 목적이나 국가수호의 군사적 목적에서도 지도 편찬사업의 가치는 매우 높았다. 특히 왜란과 호란을 거치면서 외적 방어에 대한 경각심은 더욱 높아졌다. 그렇기 때문에 지형과 지세를 상세하게 나타내고 있는 지도는 매우 유용하게 이용되었다.

조선 후기에는 축적된 지도학적 지식을 바탕으로 새로운 표현방식을 가미한 지도들이 다수 제작되었다. 유통경제가 발달한 조선 후기에는 상업적 목적에서 지도를 적극 활용하였다. 한양은 인구 이동이 활발했으므로 지도를 필요로 하는 사람이 많았을 것이며, 특히 상인집단에서의 수요가 높았으리라 예상된다.

이처럼 지도는 행정 및 군사적 목적, 또는 상업적 목적에 매우 적합한 매개물이었으며, 판화나 회화적인 예술미까지 두루 갖춘 산물이었다. 지도는 당대 조선인들의 지리인식뿐만 아니라 한반도의 지형을 알 수 있게 하며, 한양 도성 내 주요 건물과 도로, 물길, 출입문, 행정구역 등도 보여주는 중요한 사료이다. 지도를 편찬하는 빈도수가 높아지는 것은 그만큼 지도에 대한 수요가 많아졌음을 의미하는데, 이를 통해 인구가 증가하고 상업이 발전한 조선 후기 사회상황을 상상해볼 수 있다.

지도 1 대동여지도

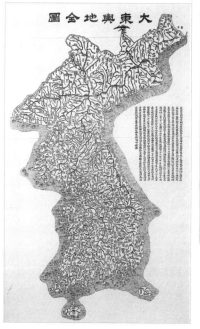

지도 2 대동여지도(한양 부근)

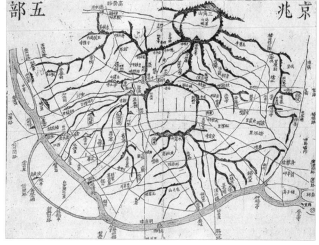

지도 3 수선전도

지도 4 외국인들이 사용한 수선전도

지도 5 수선전도(수로표기)

지도 6 수선전도의 재구성

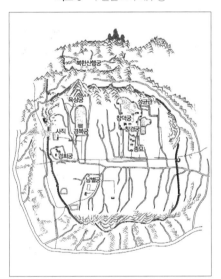

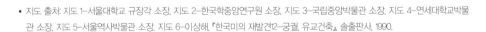

*대동(大東) : 동방의 큰 나라는 뜻으로, '우리나라'를 이르는 말.
*수선(首善) : 모범이 되는 곳이라는 뜻으로, '서울'을 이르는 말.

- 지도 출처: 지도 1—서울대학교 규장각 소장. 지도 2—한국학중앙연구원 소장. 지도 3—국립중앙박물관 소장. 지도 4—연세대학교박물
  관 소장. 지도 5—서울역사박물관 소장. 지도 6—이상해, 『한국미의 재발견2—궁궐. 유교건축』 솔출판사, 1990.

2) 문항 만들기

■ 1단계 : 제목 읽기

제목은 지도에 포함된 기본적인 정보를 요약해준다. 대부분의 고지도는 제목이 명확히 제시되어 있으므로, 제목을 통해 당대에 사용된 언어개념도 이해할 수도 있다.

문항 1. 지도 1과 지도 3의 지도 제목을 읽어봅시다. 제목이 의미하는 바는 무엇일까요?

■ 2단계 : 지도에 사용된 표시유형 읽기

강조하고자 하는 부분이 지도 위에 기록되어 있으므로, 용어나 표시유형을 꼼꼼히 살피는 일은 제작자의 의도를 알 수 있는 중요한 작업이다. 이때, 지도에 표기된 내용을 제목과 연관지어 살펴봐야 한다.

문항 2. 다음 표기법이 의미하는 것은 무엇일까요?

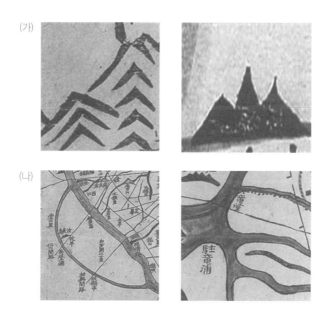

문항 3. 지도 2와 지도 3은 같은 지역을 묘사하고 있는 지도입니다. 해당되는 내용을
바르게 연결해봅시다.

① 회화적인 느낌이 훨씬 강하다.

② 지도 안에 그린 도로망에 10리마다 표시를 함으로써 거리를 파악할 수 있
게 하였다.

④ 궁궐(경복궁, 창덕궁, 창경궁, 경희궁)이 그려져 있다.

■ 3단계 : 지도와 관련된 정보 수집하기

고지도와 관련된 정보를 확인하고, 해당 시기의 사료를 읽어 학습내용을 확장시킨다.
역사학습에서 지도활용의 강점을 가장 잘 살릴 수 있는 과정이므로, 학습자의 흥미 유
도를 위해 적절한 사료를 선택해야 한다. 2개 이상의 지도를 비교하면서 상관관계, 공
통점, 차이점 등을 파악할 수 있도록 한다. 또한 개별적인 사실을 확인하고 통합하여
공통분모를 찾아서 개념을 형성하거나, 그 시대의 특색을 찾아낸다.

문항 4. 다음의 내용을 참고하여, '旌義(정의)'에서 '衣貴村(의귀촌)'까지의 거리를 대략
계산하시오.

도로는 단선으로 그려져 하천과 혼동될 우려가 있기 때문
에 직선으로 표시했고 10리 간격마다 표시를 함으로써 거
리를 파악할 수 있는 축척의 기능도 아울러 지니고 있다.

* 10리 ≒ 4.5km

■ 4단계 : 지도와 관련된 정보 분석하기

이 주제에 대해 이미 알고 있는 것과 추측할 수 있는 것들을 결합시킨다. 이때, 추측할 수 있는 문항들을 직접 만들어보는 것도 좋다. '지도를 제작한 목적은 무엇일까?', '이 지도는 주로 누가 이용하였을까?', '지도의 수요와 공급은 어느 정도였을까?', '방위나 축척은 어떤 방법을 활용했을까?' 등의 문항을 만들어 역사적 상상력을 넓힐 수 있다.

문항 5.   다음은 지도 1에 대한 설명입니다. 이를 통해 유추할 수 있는 내용은 무엇입니까?

> 이 지도는 22첩(帖)으로 구성된 절첩식 지도이다. 즉 우리나라를 남북으로 120리 간격으로 구분하여 22층을 만들고, 동서로 80리 간격을 한 면으로 했는데, 두 면이 한 판으로 구성되어 각 층의 판을 병풍식으로 접어 첩으로 만든 것이다.
>
> * 첩(帖)
> 1. 문서(文書), 장부(帳簿·賑簿) 2. 표제(標題·表題) 3. 패(牌) 4. 시첩(試帖: 과거에서 수험생이 학습하던 도구의 하나) 5. 두루마리

■ 5단계 : 추론 및 적용하기

지도를 통해 학습한 내용을 검토하고 평가해보는 과정이다. 다른 지도나 사료를 활용하여 학습내용을 복습할 수 있다.

문항 6.   지도 4는 19세기 후반~20세기 초반 무렵, 조선에 거주하던 외국인들이 사용하던 지도입니다. 기존의 '수선전도'와 어떤 차이점이 있습니까?

문항 7.   지도 5는 어떤 모습이 강조되었습니까? 그 이점은 무엇입니까?

문항 8.   지도 6은 수선전도의 내용을 대폭 줄여서 재구성한 지도입니다. 원래 지도와 각색한 지도의 활용상 이점은 무엇입니까?

문항 9. 다음의 지도들을 누가 사용했을지 상상해봅시다.

①

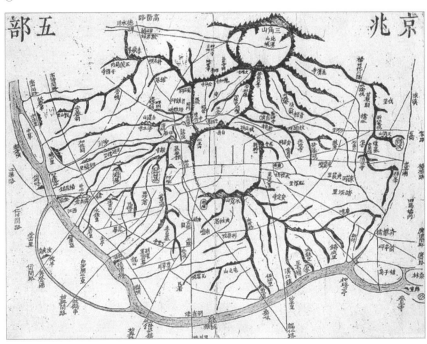

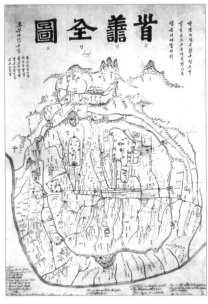

■■ 유제 ■■ 다음 자료를 보고 물음에 답해봅시다.

〈조계 조약(租界條約)〉

제1조. 조선국 인천항에 각국 사람들이 거류할 조계 가운데 따로 첨부한 지도 위에 붉은 금으로 그은 곳을 특별히 일본 상인들의 거주 지역으로 충당함으로써 일본 상인들이 선착으로 온 것에 대한 보답으로 삼는다. 만약 뒤에 조계가 다 찰 경우 조선 정부에서 조계를 확장해주어야 한다. 각국 사람들이 거류하는 조계에는 어느 곳을 막론하고 일본 상인들도 마음대로 거주할 수 있다(1883.8.30).

지도 1

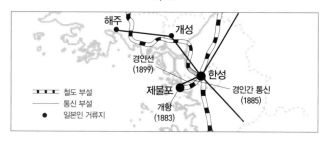

지도 2

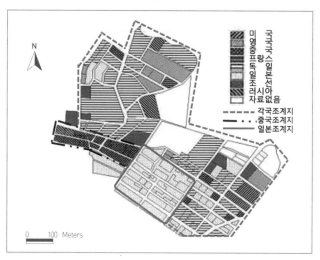

출처: 최영준, 「개항을 전후한 인천의 지리적 연구」, 《지리학과 지리교육》 2-1, 1974, 31쪽에 근거하여 재작성.

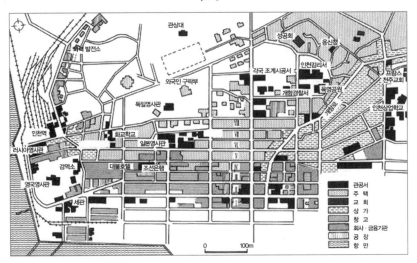

지도 3

출처: 최영준, 「개항을 전후한 인천의 지리적 연구」, 《지리학과 지리교육》 2-1, 1974, 31쪽에 근거하여 재작성.

■ 1단계: 지도 읽기

문항 1. 〈조계조약〉에 따르면 일본은 언제, 어디에, 무엇을 설치할 것을 조선정부에 요구했습니까(a)? 그 이유는 무엇이었을까요(b)?

문항 2. 지도 1은 제물포의 위치와 주변 상황을 보여주는 지도입니다. 일본인 거류지인 제물포 주변의 자연환경과 지리적 위치는 어떠합니까? 제물포 주변에는 어떠한 시설들이 있습니까(b)?

■ 2단계: 지도 분석하기

문항 3. 지도 2를 보고, 그 조약이 체결된 이후에 제물포 조계지는 어떻게 구분되었는지 세 가지로 말해보고(a), 어떤 나라들이 토지를 소유하고 거류하고 있었는지 말해봅시다(b). 그 나라들의 공통점은 무엇일지 보기에서 답해봅시다(c).

문항 4. 지도 3을 통해 개항기 인천항의 토지가 어떻게 이용되고 있는지 알아봅시다.

■ 3단계: 추론 및 적용하기

문항 5. 각국의 조계지 토지이용을 통해 제물포에서의 구체적인 활동 양상을 파악해
봅시다.

19세기를 전후하여 제국주의 국가들은 동아시아 각국에 조계지를 설정하였다. 1877년
1월 30일 부산항조계조약(釜山港租界條約)에 의해 조계가 처음 설정되었고, 이후 미국·영
국·독일·러시아 등이 조선과 수호통상조약을 체결하고 동시에 인천·진남포·군산·마
산·성진 등지에 조계지를 설정하였다. 제국주의 국가들은 조계를 이용하여 경제, 군사,
정치적 목적을 달성해 나갔다.

인천은 조선의 수도와 가장 가까우며 서해안의 중앙에 위치한 항구여서 철도와 통신시
설이 잘 구비되어 있었다. 따라서 인천은 조선에 침투하기 위한 거점지역으로 일본을 비
롯한 각국의 각축장이 되기도 하였다.

제물포 조계지에서는 각국 사람들이 집을 짓고 정착하여 살면서 다양한 활동을 하였
고, 학교와 교회 등이 있는 것으로 볼 때 교육 및 종교적 활동도 이루어진 복합적인 활동
공간이었다. 해안가에는 항만을 짓고 창고를 설치하여 원료 및 상품을 반출·반입하였
다. 인천역 부근은 철도를 통한 화물운송이 편리하므로 공장지대로 이용하였으며 또 항
만에서 하역한 물자를 수도로 운송하였다. 상업 및 금융 사무가 용이하도록 평지에는 주
로 업무지구가 분포하였고 반대로 산지에는 주택이 주로 분포하였다. 시가지가 내려다보
이는 고지대에는 관공서가 위치하였다.

예제

1. 대동(大東)은 우리나라를 뜻하므로, 대동여지도(大東輿地圖)라 함은 우리나라의 전국지
   도를 의미한다. 수선(首善)이란 서울을 뜻하므로 수선전도(首善全圖)는 서울전도이다.
2. (가) 산 또는 산줄기, (나) 물길

3. ① – 지도 3

   ② – 지도 2

   ③ – 지도 3

4. 13.5km

5. 지도의 크기가 매우 크다. / 지도를 접을 수 있다. / 지도의 내용이 매우 상세하다.

6. 지명이나 건물명이 한글로 기재되어 있고, 채색을 더하였다. 조선지형에 익숙하지 않은 외국인들이 한양지리에 익숙할 수 있도록 지도를 수정 보완하였다.

7. 수로에 해당하는 곳에 색감을 입혔다. 도성 한양의 수로체계가 한눈에 들어오며, 특정 주제를 부각시켜주는 이점이 있다.

8. 고지도는 당대의 상황을 분석할 수 있는 사료해석의 효과가 있다면, 각색한 지도는 학습내용을 좀 더 쉽게 이해할 수 있게 해준다.

9. ① 한양 내 거리를 계산하고자 하는 사람, 수도방비를 담당한 관리

   ② 한문에 익숙하지 않은 사람들, 한양지리를 잘 모르는 외국인

   ③ 한양의 물길을 이용하여 일하는 상인들, 배수로 시설을 담당한 관리들

유제

1. (a) 일본은 1883년 8월 30일 인천항에 (일본 상인들이 따로 정착할 수 있는) 조계지역을 설치할 것을 요구하였다.

   (b) 개항장에서 독점적인 거점지역을 확보하기 위해 특별히 일본조계지를 요구했고, 일본인은 각국 조계지에서도 활동할 수 있었다.

2. (a) 제물포는 수도인 한성, 주요 도시인 개성과 가까운 항구이고, 서해안의 중앙에 자리하고 있다.

   (b) 1885년 통신시설이 설치되었고 1899년 경인선 철도가 부설되었다.

3. (a) 각국조계지, 일본조계지, 청국(중국)조계지로 구분되었다.

   (b) 미국, 영국, 중국, 프랑스, 일본, 독일, 러시아, 조선이 토지를 소유하고 있었다.

   (c) 모두 조선과 통상조약을 체결한 국가일 것이다.

4. 관공서, 주택지, 종교 기관, 상가, 학교, 회사 및 금융 기관, 공장, 창고, 항만시설
   등으로 이용되고 있다.

5. 시대배경과 문항해설 참조

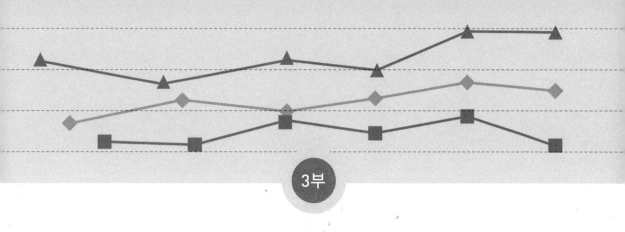

3부

통계자료

통계자료

통계자료

김광규

1. 역사학과 통계의 만남

통계는 인간사회를 포함하여 모든 집단과 사회의 현상을 숫자로 나타낸 것이다. 통계 수치는 인간의 삶을 반영한다고 할 수 있으며, 특정한 문제 또는 현상에 대하여 수량화된 정보를 제공함으로써 그에 대한 이해를 도울 수 있다.

통계 또는 통계학을 가리키는 영어 단어 statistics의 어원은 국가를 뜻하는 이탈리아어 stato, 지위·상태라는 의미의 라틴어 status와 관련이 있다고 한다. 즉 통계(statistics)는 국가의 상태 조사, 말하자면 국가 및 정치와 밀접한 관계를 갖는 분야로 시작되었다. 고대 국가에서부터 통치자들은 과세, 토목사업, 전쟁, 방어 등 국가 및 통치권의 유지·운영 활동에 필요한 각종 정보, 예컨대 인구, 노동력, 농지, 납세능력 등을 조사·수집하고 그 결과를 문서로 작성·보존해왔다. 이와 같이 고대 이래로 국가 등 다양한 종류의 인간집단이 집단의 유지와 운영을 위해 필요한 정보를 조사·수집하고 문서로 만들어내는 모든 활동을 통계라고 할 수 있다.

현재와 같은 하나의 학문으로서의 통계학은 19세기 이후에 정립되어 자연과학·사회과학에 지대한 영향을 미쳤다. 일반적으로 오늘날의 통계학은 독일 대학파(大學派)로부터 명칭을 계승하고 영국의 정치산술파(政治算術派)로부터 내용을 받아들인 것이라고 한다. 독일 대학파는 통계학을 국가학의 일부로 간주하고 국가의 조직, 조세, 군사 등 국가의 번영을 좌우하는 사항의 기술에 치중하였던 반면, 영국 정치산술파는 사회 현상에 대해 대량 관찰의 방법을 적용하여 이를 수치·수량화하고, 그것을 해석하여 인과관계나 어떤 법칙을 발견하는 데 주력하였다. 이러한 정치산술에 확률론이 결합하면서 근대적 의미의 통계학이 탄생한 것이다.[1]

이후 통계학은 발전을 거듭하며 경제학, 생물학, 사회학 등 인접 학문에도 많은 영향을 미쳤다. 역사학 분야에서도 20세기 들어 역사학과 통계가 결합하여 새로운 역사 연구 방법론으로서 계량사학이 등장·발전하게 되었다. 계량사학이란 여러 자료를 수치로 환산하는 계량화와 함께 수학적 논리를 적용하여 역사 문제를 좀 더 과학적으로 이해하려는 것이다. 계량사학은 기계나 컴퓨터를 이용하여 계량적 자료를 통계적으로 분석하고, 그에 따라 가설을 검증하고 인과관계를 판단하여 개별적 역사 사실들의 일반화를 추구한다. 그럼으로써 특정한 역사적 주제에 대해 명료성과 정확성을 기할 수 있으며, 역사 연구에서 추상적인 판단이나 모호성을 극복할 수 있다.[2]

그리하여 계량사학은 이른바 과학적 역사의 발전에 큰 역할을 했다. 예를 들면, 영국 산업혁명 연구에서는 산업혁명기 노동자의 생활수준 향상 여부를 둘러싼 논쟁이 전개되는 과정에서 총산출, 인구 증가율, 1인당 생산·소비 증가율, 기술 발전 속도, 투자율, 실질 임금, 1인당 식량 공급량·칼로리 소비, 평균 신장, 사망력 등 중요한 역사통계들이 추계되어 단편적·인상주의적 증거에 기반한 주장의 한계를 극복하는 데 기여하였다.[3] 또한 우리나라 일제강점기 경제 변화에 대한 연구에서도 여러 가지 통계자료와 통계적 기법을 활용하여 한국인에 대한 차별과 불평등을 실증적으로 입증하는 연구가 이루어지고 있다.[4]

1   정한영, 『통계학사 개론』, 한림대학교 출판부, 1995 참조.

2   양재열, 「19세기 미국 정치사와 계량사학(Quantitative History)」, 《계명사학》 17, 계명사학회, 2006, 109쪽.

3   차명수, 「산업혁명과 역사통계」, 《경제사학》 50, 경제사학회, 2011, 105~110쪽.

4   허수열, 『개발없는 개발: 일제하 조선경제 개발의 현상과 본질』, 은행나무, 2005; 허수열, 『일제 초기 조선의 농업: 식민지근대화론의 농업개발론을 비판한다』, 한길사, 2011.

물론 역사학에서 통계 수치가 모든 것을 말해 주지는 않는다. 예컨대, 이민족에 의한 지배라는 민족문제를 배제한 채 인구증가율이나 경제성장률 등의 수치만을 가지고서는 일제강점기 한국경제의 본질을 이해하긴 어렵다.[5] 그러나 통계를 역사학에 적용할 때 얻을 수 있는 유익함과 함께 그것이 야기하는 문제점을 파악하고 그 범위 내에서 적절하게 활용할 수만 있다면, 통계는 한 시대의 특정 역사상을 읽어내고 역사가가 자신의 논지를 풀어가는 데 유용한 도구가 될 수 있을 것이다.

2. 통계자료 활용하기

역사교과서에도 교과서 내용과 관련된 통계자료가 참고자료로 많이 제시되고 있다. 통계가 역사학에서 갖는 영향력과 가치를 고려해보면, 적절하고 정확한 통계자료를 선택·활용하는 것은 역사교육에서 매우 중요한 문제이다. 역사교육에서 통계자료는 정보를 집약하여 수치로 제시해줌으로써 역사 지식을 습득하는 데 보조자료로 활용할 수 있다. 또한 학생이 통계자료를 분석하고 해석하면서 이를 토대로 역사적으로 판단하고 상상할 수 있게 함으로써 학생들로 하여금 역사 연구의 객관성·실증성·합리성을 경험하게 하는 효과도 거둘 수 있다. 이러한 점에서 통계자료는 선다형·서술형 평가나 수행평가의 좋은 수단이 된다.

역사교육에서 통계자료를 활용할 때 주의할 점은 통계자료의 장점과 함께 통계 자체의 특질에서 비롯되는 통계자료의 한계에 대한 이해가 선행되어야 한다는 것이다. 통계수치에는 그것이 작성된 시대의 성격, 그것을 작성한 집단 또는 개인의 주관성이 반영될 수밖에 없다.[6] 또한 통계수치는 산출 방식에 따라, 작성하는 사람의 의도에 따라, 조사 시기에 따라 달라질 가능성이 있으며 통계수치를 설명하는 방식에 따라 동일한 시기의 동일한

5 　허수열, 앞의 책, 2005, 24쪽.
6 　"세상에는 세 가지 거짓말이 있다. 선의의 거짓말, 새빨간 거짓말, 그리고 통계"라는 서양의 격언은 통계의 주관성을 잘 나타내고 있다.

현상을 전혀 다르게 말할 수 있다.[7]

이러한 점에서 역사교육에서 통계자료를 활용할 때 주의해야 할 점을 정리하면 다음과 같다.

첫째, 주제의 적절성이다. 즉 선택된 통계자료가 해당 시대 또는 분야의 특성을 제대로 보여주고 있는가 하는 문제이다. 예를 들면, 2013년 (주)미래엔의 고등학교 한국사 교과서는 1907년 이후의 후기 의병에 대하여 유생과 농민, 해산 군인뿐 아니라 노동자, 상인, 교사, 학생 등 전 계층이 참여한 전국적인 항일 구국 전쟁이었다고 설명하면서 후기 의병장의 신분·직업별 분포를 보여주는 원그래프를 수록하고 있다. 이것은 주제에 적합한 통계자료를 활용하여 설명을 뒷받침한 좋은 사례라고 할 수 있다.

둘째, 수치의 정확성이다. 통계적 처리 과정을 거친 수치에 대해서는 계산 방법, 산출 과정을 세심하게 검토할 필요가 있다. 또한 통계자료를 직접 작성할 경우, 통계수치를 잘못 입력하거나 계산을 틀리게 하는 등의 실수를 저지르지 않도록 주의를 기울여야 한다.

셋째, 통계자료에 대한 해석의 타당성이다. 통계자료가 갖는 본질적 한계와 역사라는 학문의 특성상, 하나의 통계자료가 다양하게 해석될 가능성이 있기 때문이다. 특히 객관적·실증적으로 보이는 통계자료에 내포된 주관성에 유의하여야 한다.

요컨대 역사교육에서 통계자료를 활용할 때는 학생들에게 통계의 장점과 한계에 대한 교육을 선행하고 수업시간에 활용할 통계자료의 출처와 작성 의도, 산출 방법 등을 제시해줄 필요가 있다. 통계자료를 활용하는 역사수업은 학생들이 통계의 속성을 파악하고 통계자료에 대해 내적 비판을 한 후, 통계자료를 해석하여 다양한 의견을 제시할 수 있도록 해야 한다. 그럼으로써 학생들의 사고 능력을 개발하는 데에도 큰 역할을 할 수 있을 것이다.

---

7 표본의 크기가 적합한가, 비율 계산에서 분모·분자를 제대로 설정하였는가, 설문 조사에서 질문의 적합성 또는 피조사자 응답의 진실성 여부 등의 문제가 이에 해당한다.

3. 탐구문항 만들기

1) 통계자료 선정 또는 통계자료 만들기

통계자료를 활용한 수업 또는 평가에서 가장 우선되어야 할 작업은 적절한 통계자료를 선정하거나 제작하는 것이다. 통계자료를 선정·제작할 때는 첫째, 수업·평가 주제와의 적합성 여부를 우선적으로 고려해야 한다. 둘째, 학생들이 읽고 이해할 수 있는 수준이어야 한다. 중등 역사교육에서 고도의 통계학적 방법을 적용한 자료를 활용하긴 어렵다. 가감승제에 기반한 초보적 수준의 통계자료가 적당할 것이다.

통계자료는 크게 통계표와 통계도표, 즉 그래프로 구분할 수 있다. 통계표는 각종 지표를 숫자로 표현한 것이고 그래프는 가로축, 세로축, 점, 선, 숫자, 글자, 심벌(symbol) 등을 복합적으로 사용해서 양적인 숫자들을 시각적으로 표현한 것이다. 통계도표는 일반적으로 그 형태에 따라서 막대그래프, 원그래프, 띠그래프, 꺾은선그래프 등 네 가지로 구분한다. 컴퓨터를 이용하여 통계자료를 손쉽게 제작할 수 있을 뿐 아니라 통계표를 그래프로 전환할 수도 있고, 그 반대로도 가능하다. 컴퓨터로 통계자료의 형태를 쉽게 만들 수 있기 때문에 중요한 문제는 주제에 적절하고 정확한 통계수치를 확보하는 것이다.

우리나라는 유구한 통계의 역사를 가지고 있으므로 1차 통계자료가 적지 않다.[8] 조선시대에는 『왕조실록(王朝實錄)』 등에서 호구통계(戶口統計)가 나타나는데, 특히 1639년 이후 정확히 3년 간격의 호구통계를 20세기 초까지 시계열자료로 가지고 있다. 이러한 인구통계 시계열자료는 세계적으로도 유례가 없다. 또한 『경국대전(經國大典)』은 20년마다 농지통계(農地統計)인 양전(量田)을 할 것을 규정하고 있는데, 양안(量案)에는 넓이, 소재지, 토지 소유자와 작인(作人)을 기재하도록 하고 전답(田畓)은 물론, 과전(果田), 죽전(竹田),

---

8 우리나라에서 현존하는 것 중 가장 오래되고 세밀한 통계자료는 통일신라 때 3년 간격으로 조사한 민정자료인 신라장적(新羅帳籍)이다.

송전(松田), 가정에 딸린 텃밭까지도 채전(菜田)으로 포함시켜 토지소유관계는 물론 경작면적, 생산물, 농가 소득까지도 추정할 수 있도록 하였다.[9]

대한제국 시기에 실시된 통계에는 탁지부에서 발간한 한국무역연표, 한국무역월표, 세무통계 및 각 항구별 관세통계 등이 있다. 일제강점기에는 조선총독부가 한국사회 전반에 걸쳐 광범위한 조사를 실시하였는데, 그 대표적인 간행물이 종합통계서인 『조선총독부통계연보(朝鮮總督府統計年報)』이다. 이것은 조선총독부가 한국에 대해 가지고 있는 지식과 정보의 결집체이자, 다른 한편 조선총독부의 시정(施政)과 그 성과의 과시이기도 했다.[10]

전통시대의 통계자료는 모두 한자로 기록되어 있고 사용된 용어나 기술 방식도 현재 우리에게 익숙한 것이 아니기 때문에 해당 시대·분야의 전공자가 아닌 한 해독하기도, 이해하기도 쉽지 않다. 따라서 전통시대 통계자료는 관련 논문이나 저서에 수록된 2차 통계자료를 내적 검토를 거쳐 이용하는 것이 좋을 것이다.

반면, 근대 이후의 통계자료는 전공자가 아니더라도 충분히 1차 통계자료를 활용할 수 있다. 19세기 후반 이후의 1차 통계자료들은 대개 국사편찬위원회나 통계청 홈페이지에 한글로 번역되어 데이터베이스화되어 있으므로 쉽게 검색이 가능하고 다운받을 수도 있다. 특히 통계청은 홈페이지(http://kosis.kr/)에 "광복 이전 통계"라고 하여 『조선총독부통계연보』와 『대한민국통계연감』을 각각 크게 14개 부문으로 분류하고[11] 각 부문을 다시 주제별로 세분화하여 데이터베이스화한 자료를 통계표, 막대그래프, 꺾은선그래프 등 다양한 형태로 제공하므로 이를 역사수업자료로 다운받아 활용할 수 있다.

---

9 통계청 편, 『한국통계발전사 1: 시대별 발전사』, 통계청, 1992, 89쪽.

10 박명규 외 지음, 『식민권력과 통계(한국학 모노그래프 8)』, 서울대학교출판부, 2003, 39~60쪽.

11 14개 부문은 국토·기후, 인구·기후, 고용·노동·임금, 물가, 보건·복지, 농림어업, 광공업, 건설·주택·상수도, 교통·정보통신, 재정·금융·보험, 무역·외환·국제수지, 교육·문화·과학, 범죄·재해, 사법·행정 등이다.

일제는 초등교육을 한국인을 충성스러운 신민(臣民)으로 만드는 수단으로 간주했다. 일제강점기 한국인 초등교육제도의 변천을 정리하면 다음 표와 같다.

	학교 명칭	수업 연한	입학 연령	비고
통감부 통치기 (1906~1910)	보통학교	6년제	8세 이상	한국인 입학 학교는 보통학교, 일본인 입학 학교는 소학교로 구분
제1차 조선교육령 시기 (1911~1922)	보통학교	4년제로 단축. 지방의 실정에 따라 3년제도 가능	8세 이상	
제2차 조선교육령 시기 (1922~1938)	보통학교	6년제 지방의 실정에 따라 5년제·4년제도 가능	6세 이상	"국어를 상용하는 자"는 소학교, "국어를 상용하지 않는 자"는 보통학교로 구분
제3차 조선교육령 시기 (1938~1943)	소학교	6년제. 지방의 실정에 따라 4년제도 가능	6세 이상	보통학교와 소학교의 구분을 폐지하고 동일한 소학교 체제로 바뀜
제4차 조선교육령 시기 (1943~1945)	국민학교		6세 이상	

출처: 필자 작성.

이와 같이 일제강점기 초등교육은 제도적 측면에서 그 식민성이 명확하게 드러난다. 한국인이 다니는 학교는 보통학교, 일본인을 위한 학교는 소학교로 구분되어 한국인은 일본인과 다른 교육을 받았다. 제3차 조선교육령으로 양자를 동일한 체제로 만들었다고 하지만, 교육 연한을 보면 소학교가 시종일관 6년제였던 것에 비해 한국인이 다니는 보통학교는 교육 연한도 짧고, 4년제·2년제 학교가 일제 말까지 존속되었다. 4년제 보통학교 졸업자는 6년제 보통학교 졸업자와 동일한 자격을 갖는 것이 아니라 6년제 학교 4학년 수료자와 동급으로 인정되었으므로 상급학교 진학, 취업 등에서 불리할 수밖에 없었다. 2년제 간이학교는 정식 초등학교로 인정되지도 못했다. 4년제·2년제 학교 졸업생이 상급학교에 진학하려면 6년제 학교에 편입해야 했다. 이는 일제의 한국인 초등교육 정책의 목표와 의도가 상급학교 진학을 위한 준비교육이 아니라 완결교육으로서 낮은 수준의 보통교육을 시행하여 일제가 부리기 좋은 노동자·농민을 양성하는 데 있었음을 시사한다.

일제는 세 차례 초등교육 확대 정책을 시행했는데, 그 내용은 다음 표와 같다.

보통학교 증설 계획 (1919~1922)	이른바 '3면 1교' 계획을 말함. 당시 6면 1교였던 보통학교 비율을 3면에 대하여 1교의 비율이 되도록 한다는 것.
제1차 초등교육확장 정책 (1929~1936)	이른바 '1면 1교' 계획을 말함 1934년에는 2년제 간이학교를 창설
제2차 초등교육확장 정책 (1937~1945)	1935년에 결정됨. 1937년 이후 10개년 계획으로 시행 4년제 보통학교의 학급·학교 증설, 2년제 간이학교 증설을 통하여 취학률을 남자는 40%→80%, 여자는 10%→40%, 전체 취학률 25%→60%로 인상시킨다는 것

출처: 필자 작성.

이러한 초등교육 확대 정책의 시행 결과, 학교 수는 일제 초에 비해 크게 증가하였다. 학교 수의 증가는 교육부문에서 이른바 '식민지 근대화론'을 뒷받침하는 근거로 이용되기도 한다. 그러나 학교 수의 양적 증가에도 불구하고 한국의 초등교육은 많은 식민지적 한계를 안고 있었다. 일제 말까지도 학교 수는 여전히 부족했으며, 무상교육이 아니었기 때문에 수업료 부담으로 중도에 퇴학하는 학생이 많았고, 교육 기간이 짧은 4년제·2년제 학교가 많아 교육의 질도 높지 않았다. 또한 일제 후반기 학교 수가 증가한 것은 일제가 전쟁을 확대하면서 한국인 아동을 예비 군인으로 간주하고 초등학교를 증설하여 일본어 교육과 사상훈련·군사훈련을 시키고자 했던 의도가 있었음을 간과해서는 안 된다. 제2차 초등교육확장 정책은 한국인 징병제 시행을 대비하기 위한 것이었다.

학생 수 증가는 일제의 정책적 의도에 의한 것이 아니라 민족운동의 실력양성론과 학교 교육을 통해 지위 상승을 꾀하려는 한국인의 교육열이 작용한 것으로 볼 수 있다. 일제는 초등학교를 "황국신민을 양성하기 위한 교화의 장"으로 활용하려 했지만, 한국인은 초등교육 기회를 사회경제적 지위 상승의 기회로 간주했다. 이는 3·1 운동 이후 전국적으로 일어난 한국인의 학교 설립 운동에서도 확인할 수 있다.

예제에서는 일제강점기에 시간이 지남에 따라 학교 수·학생 수가 증가했다는 당연한 사실을 확인한 후, 학교·학생 수의 증가에도 불구하고 그 속에 내포되어 있는 식민지적 차별의 실상을 파악할 수 있도록 한국인 아동이 다니는 공립보통학교와 일본인 아동이

다니는 공립소학교로 구분하여 각각 학교 수, 남녀학생 수, 인구 대비 학생 비율과 입학률을 보여주는 통계표를 작성하였다. 〈표 1〉과 〈표 2〉의 인구대비 학생 비율을 비교해보면 한국인 아동의 초등교육 기회가 일본인 아동보다 낮았음을 확인할 수 있다. 또한 〈표 1〉에서 한국인 6세 아동의 입학률을 보면 일제 말인 1942년에도 50%에 불과하다. 이는 여자 아동의 입학률이 남자 아동에 비해 매우 낮았기 때문인데, 교육 기회를 결정하는 요인으로 민족 요인뿐 아니라 성별 요인도 함께 감안해야 함을 보여준다.

표의 연도는 일제 초인 1912년, 보통학교 증설 계획과 1면 1교 계획 시행기의 시작과 끝 연도, 그리고 일제 말에 해당하는 1942년으로 설정하였다.

표 1 공립보통학교 학교 수 및 학생 현황

	ⓐ 학교 수 (개)	ⓑ 남학생 수 (명)	ⓒ 여학생 수 (명)	ⓓ 학생 합계 (ⓑ+ⓒ) (명)	ⓔ 인구대비 학생비율 (%)	ⓕ 6세 아동의 공립보통학교 입학률 (%)		
						남	여	계
1912	341	38,001	3,140	41,141	0.28	7.6	1	4.4
1919	535	68,628	8,290	76,918	0.46	10.2	2.2	6.3
1929	1,620	356,643	66,157	422,800	2.25	30.9	7.9	19.6
1936	2,417	605,492	161,738	767,230	3.59	43.5	15.4	29.6
1942	3,110	1,205,041	505,907	1,710,948	6.70	66.0	34.0	50.0

출처: 조선총독부 편, 『조선총독부통계연보』 각 연도판, 『조선제학교일람』 1936년, 1943년도판을 이용하여 필자가 작성.

표 2 공립소학교 학교 수 및 학생 현황

	㉠ 학교 수 (개)	㉡ 남학생 수 (명)	㉢ 여학생 수 (명)	㉣ 합계 (㉡+㉢) (명)	㉤ 인구대비 학생비율 (%)
1912	199	11,630	10,252	21,882	8.98
1919	391	21,705	19,742	41,447	11.96
1929	463	33,316	29,855	63,171	12.93
1936	499	45,298	40,888	86,186	14.15
1942	532	54,609	48,586	103,195	13.71

출처: 조선총독부 편, 『조선총독부통계연보』 각 연도판, 『조선제학교일람』 1936년, 1943년도판을 이용하여 필자가 작성.

2) 문항 만들기

통계자료를 활용한 문항 만들기는 역사과의 평가목표와 평가문항의 위계성을[12] 감안하여 통계자료의 정확한 파악(1단계), 통계자료의 분석 및 해석(2단계), 통계자료에 기반한 역사적 상상 및 가치 판단(3단계)의 세 단계로 설정하였다. 단계별로 탐구문항을 제시하면 다음과 같다.

■ 1단계 : 통계자료의 정확한 파악

가장 초보적인 단계로, 학생들이 제시된 통계수치의 크고 작음 또는 많고 적음, 수치의 변화 추이, 수치의 산출 방법과 과정을 묻고 답하는 수준에서 출제한다.

- 제시된 통계자료의 출처를 파악하기
- 제시된 통계수치의 단위를 확인하기
- 제시된 통계자료에서 가장 특징적인 수치를 확인하기
- 제시된 통계자료에서 수치의 변화 양상을 확인하기

문항 1.   표 1의 ⓐ~ⓕ의 추이는 어떻습니까?

문항 2.   표 2의 ㉠~㉢의 추이는 어떻습니까?

문항 3.   표 1의 ⓔ와 ⓕ를 계산하는 데 필요한 정보는 각각 무엇이 있을까요?

---

12 최상훈 외, 『역사과 평가의 이론과 실제』, 책과 함께, 2012.

■ 2단계 : 통계자료의 분석 및 해석

통계자료의 수치와 그 추이를 파악한 후 왜 그런 수치가 나왔는지, 왜 수치가 그러한 변화 양상을 보이는지를 역사 지식을 동원하여 파악할 수 있도록 출제한다.

- 통계자료에 나타난 시대적 배경을 포착하기
- 통계자료에 나타난 역사적 상황을 인식하기
- 통계자료에 담겨 있는 사회적 의미를 해석하기
- 제시된 통계자료를 통해서 그 당시 어떤 사회적 변화가 있었을지 추론하기
- 제시된 통계자료와 역사 지식을 종합하여 통계자료에 담겨 있는 내용과 의미를 역사적 맥락 속에서 해석하기

문항 4.　ⓐ와 ⓓ가 시간이 흐를수록 증가한 이유는 무엇일까요?

문항 5.　ⓐ와 ㉠을 비교해보세요. ⓐ가 더 많은 이유는 무엇일까요?

문항 6.　ⓓ와 ㉣을 비교해보세요. ⓓ가 더 많은 이유는 무엇일까요?

문항 7.　ⓔ와 ㉤을 비교해보세요. ㉤이 ⓔ보다 높은 이유는 무엇일까요?

문항 8.　표 1에서 나타나는 한국인 여자 아동의 교육 기회는 한국인 남자 아동에 비해 어떻습니까? 그러한 결과가 나타나는 이유를 들어보세요.

■ 3단계 : 통계자료에 기반한 역사적 상상 및 가치 판단

학생들이 통계자료에 게재된 정보를 정확하게 파악·분석하고 의미를 해석한 후 시대상에 대한 종합적인 이해와 가치 판단, 의미 도출이 가능하도록 문제를 구성한다.

- 당시의 상황을 고려하여 역사적 행위의 적절성을 판단하기

- 통계자료의 분석 및 해석을 토대로 있을 법한 상황을 추론하기

- 제시된 통계자료와 같은 현상이 지속될 경우의 미래를 예측하기

문항 9. 표 1에서 보통학교에 입학하지 못한 여자 아동과 입학한 여자 아동의 삶은 어떻게 달라질지 생각해보세요.

문항 10. ⓕ에서 합계에 대한 두 가지 설명입니다. 여러분은 이 중 어느 쪽의 설명에 손을 들어주겠습니까? 그리고 그 이유는 무엇입니까?

가: 보통학교 입학률은 1912년 4.4%에서 1942년에는 50%로 크게 증가하였다.
나: 보통학교 입학률은 일제 말인 1942년에도 50%에 불과하였다.

■유제■ 다음의 통계자료는 일제강점기 경찰관의 현황을 보여주고 있습니다. 통계자료를 보고 물음에 답하세요.

그래프 1 경찰관 수의 추이(단위: 명)

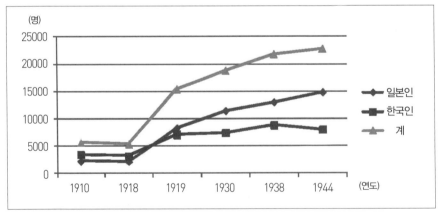

출처: 조선총독부 편, 『조선총독부통계연보』 각 연도판을 이용하여 필자가 작성.

표 3 경찰관 직급별 민족구성 추이 (단위: 명, %: 한국인 비율)

	경시		경부		경부보		순사	
	일본인	한국인	일본인	한국인	일본인	한국인	일본인	한국인
1910	30	14	167	101			2,053	181
	31.8%		37.7%				8.1%	
1918	26	8	180	130			1,909	228
	23.5%		41.9%				10.7%	
1919	34	10	304	113	556	40	7,387	6,935
	22.7%		27.1%		6.7%		48.4%	
1930	49	11	340	95	650	170	10,346	7,137
	18.3%		21.8%		20.7%		40.8%	
1938	62	9	388	89	738	157	11,784	8,542
	12.7%		18.7%		17.5%		42.0%	
1942	79	6	439	70	811	123	12,473	8,194
	7.1%		13.8%		13.1%		39.7%	

출처: 조선총독부 편, 『조선총독부통계연보』 각 연도판을 이용하여 필자가 작성.

■ 1단계 : 통계자료의 정확한 파악

문항 1. 그래프 1에서 경찰관 수의 추이는 어떻습니까?

문항 2. 그래프 1에서 일본인 경찰관의 수가 한국인 경찰관의 수보다 항상 (많다/적다).

문항 3. 표 3에서 한국인 경찰관의 수가 가장 많은 직급은 무엇입니까?

문항 4. 표 3에서 한국인 경찰관의 수가 가장 적은 직급은 무엇입니까?

문항 5. 표 3을 이용해서 각 직급별 한국인 경찰관의 비율을 계산해봅시다.

문항 6. 한국인 경찰관 구성비의 직급별 추이는 어떻습니까?

문항 7. 한국인 경찰관의 비율이 가장 높은 직급부터 순서대로 나열해보세요.

문항 8. 표 3에 의하면 일제강점기 한국인이 일상생활에서 가장 많이 접하게 되는 경찰 직급은 무엇일까요?

■ 2단계 : 통계자료의 분석 및 해석

문항 9. 그래프 1에서 경찰관 수는 1919년 전년도에 비해 크게 증가했습니다. 그 계기는 무엇일까요?

문항 10. 다음 자료를 참고하여 그래프 1과 같이 일본인 경찰관이 한국인 경찰관보다 많은 이유는 무엇인지 추론해봅시다.

경관은 도로 수축(修築), 임야(林野)보호, 국경지방의 관세사무, 징세, 해충구제, 어업취체, 전매령(專賣令) 위반 감시, 기부행위 등은 물론, 산업·부업·저금 장려에까지 경찰관이 관계한다. 이러한 행정관청의 사무에 경관이 일일이 관계하니 이만하면 "조선은 경찰정치"라 함에 무엇이 부족할까. 경찰관은 군청의 재무계 일도 보고 서무계 사무도 보며 전매국 일, 세관사무, 총독부 산림부 일, 식산국(殖産局) 수산과·농무과(農務課) 일, 체신국 일, 내무국 일, 면장 일, 구장(區長) 일, 여하튼 모든 행정 사무에 경찰의 힘이 발동한다. 이와 같은 경찰권의 발동은 그 본질에 있어 간섭이 목적이 아니요, 미비한 행정 기관을 원조하기 위함에 있으나 권력 가진 자의 원조적 용훼(容喙-간섭·참견함)는 항상 한쪽을 억압하는 결함을 갖게 되나니, 조선경찰의 행정 원조 사무도 총독통치에 유리한 점이 있는 반면에 민중에게 공포를 느끼게 하며 또 원한을 사는 경향이 많다.

김동진, 「조선경찰의 해부」, 《동광》 30, 1932

문항 11. 다음 자료를 참고하여 일제가 한국인 경찰을 필요로 했던 이유를 생각해봅시다.

(일본인 경찰관은) 어학 면에서 신임자는 물론 상당한 기간을 근속한 자라도 호구(戶口) 조사, 영업 감사 등 간단한 집행업무는 어찌 하더라도 사찰, 수사 등은 단독으로 완전한 임무를 수행하는 일은 매우 드물다.

이토 타이기치[伊藤泰吉], 『조선경찰의 일반(朝鮮警察の一般)』

문항 12. 표 3에서 한국인 경찰관의 비율은 대체로 직급이 올라갈수록 (높다 / 낮다).
그 이유는 무엇일까요?

■ 3단계 : 통계자료에 기반한 역사적 상상 및 가치 판단

문항 13. 그래프 1과 다음 자료를 참고하여 일제 통치의 실상을 추론해봅시다.

범죄즉결례(1910)

제1조 경찰서장 또는 그 직무를 취급하는 자는 그 관할구역 안의 다음 각호의 범죄를 즉결할
수 있다.

1. 구류, 태형 또는 과료형(벌금형)에 해당하는 죄
2. 3개월 이하의 징역 또는 100원 이하의 벌금이나 과료형에 처하여야 하는 도박죄 및 구류 또
   는 과료형에 처하여야 하는 형법 제208조의 죄
3. 3개월 이하의 징역 · 금고, 구류 또는 100원 이하의 벌금 또는 과료형에 처하여야 하는 행정
   법규 위반의 죄

호구조사나 청결검사를 오는 경관은 의연히 한국인의 내정(内庭)에 돌입하여서는 일인 순사면
'오마에'라 하고 다행히 한국인 순사인 때에는 겨우 '여보'라 한다. 형사피고인이 아닌 이상 경
어를 생략함은 분명히 인권유린이다. 혹 순사의 무례를 힐책하고 맞서는 자가 있으면 경관을
반항한다 하여 중(重)하면 구타요, 경(輕)하면 '요보노 쿠세니 나마이끼(조선인 주제에 건방지
다―필자)'라는 호령이다.

《동아일보》 1924년 1월 11일자

문항 14. 여러분이 일제강점기에 살았다고 가정해봅시다. 앞으로 커서 무엇이 될 건지,
어떤 사람이 되고 싶은지, 어떻게 살고 싶은지 얘기하고 있는 상황입니다. 그
중에 "나는 커서 허리에 칼 찬 순사가 될 거야. 열심히 해서 꼭 경찰서장까지
되겠어" 라는 꿈을 가진 길동이가 있습니다.

① 여러분이 길동이의 입장이라고 생각하고 왜 순사와 경찰서장이 되고 싶은
지 구체적으로 설명해보세요.

② 길동이가 꿈을 이루기 위해 하면 안 되는 일은 무엇일까요?

③ 입장을 바꾸어 길동이의 답변을 반박해보세요.

○ **시대배경과 표해설**

일제강점기에 경찰은 일제의 폭압적 지배를 일반 사람들에게 가장 가까이에서 직접적으로 실행하는 존재였다.

〈그래프 1〉에서 1918년 경찰관 수(5,402명)가 1910년 경찰관 수(5,694명)보다 약간 적다. 이것은 헌병경찰의 존재 때문이다. 일제는 국권 피탈 이전인 1907년에 이미 한국에 헌병경찰제도를 창설했다. 국권 피탈 직후 1년 동안 헌병대·헌병의 수는 3배 이상 증가했다.[13] 헌병과 경찰의 수를 합하면 1910년에는 7,713명, 1918년에는 13,151명으로 2배 가까이 증가했다.

〈그래프 1〉에서 1910년부터 1918년까지는 한국인 경찰 수가 더 많은데, 이것은 1918년까지 한국인 순사보를 두었기 때문이다. 헌병경찰이 아닌 일반문관경찰의 직위는 경무총장(1919년부터 폐지)-경무부장-경무관(1919년부터 폐지)-경시-경부-경부보(1919년에 신설)-순사-순사보(1919년부터 폐지)였다. 순사보는 한국인으로만 구성되었는데, 〈그래프 1〉에서 1910년 한국인 경찰 3,428명, 1918년 3,271명 중 순사보는 각각 3,131명, 2,904명에 달했다.

일제는 3·1 운동을 계기로 무단통치의 상징이었던 헌병경찰제도를 폐지하였지만, 대

---

13 1910년대 헌병대 현황을 표로 정리하면 다음과 같다(『조선총독부통계연보』). 현병대 수는 헌병대 사령부, 본부, 분대, 분견소, 파견소, 출장소를 모두 합한 것이다. 헌병대 직원 수는 장교, 준사관, 하사, 상등병, 보조원을 모두 합한 숫자이다. 이 중 한국인은 보조원만 할 수 있었다.

연도	헌병대 수(개소)	헌병대 직원 수(명)
1910	654	2,019
1911	935	7,749
1918	1,110	7,978

신 경찰을 크게 증원하였다. 〈그래프 1〉에 따르면 일제가 이른바 문화통치를 표방한 1920년대에도 경찰 수가 늘었음을 확인할 수 있다. 일제 말인 1938년에는 경제경찰이 창설되어 1940년경까지 그 수와 담당업무가 급격히 팽창하였고 1940년대에는 전시 동원과 경제통제를 실질적으로 담당하는 기구가 되었다.

〈표 3〉은 각 직급별 민족 구성을 보여주는 것이다. 일제강점기 전 시기 동안 모든 직급에서 항상 일본인이 더 많고, 특히 고위직으로 갈수록 더욱 그러하다. 〈표 3〉에는 빠져있지만, 경시 위에 각 도 경찰부장 13명이 있었는데 모두 일본인이었다.

승진을 위해서는 각 직급마다 시험을 거쳐야 했다. 예를 들면, 경부고시는 조선총독부에서 주관하는 절대평가 방식의 시험이었는데, 한국인 합격자는 전체 합격자의 약 13%에 불과했다. 이것은 한국인의 성적이 나쁜 탓이 아니라 경부 아래 직급인 한국인 경부보 자체가 적었기 때문이다. 일제는 각 직급별로 일본인과 한국인의 정원을 정해 놓고 그 범위 안에서 충원하도록 하는 '내선인 정원제'를 시행하고 있었다. 경찰 간부의 총 정원은 꾸준히 증가하여 일본인 정원도 함께 증가했지만 한국인 정원은 꾸준히 감소했고, 전체 정원에서 한국인이 차지하는 비중은 더욱 하락했다. 한국인 경찰은 승진뿐 아니라 보직 결정에서도 차별을 받았다. 대개 경찰서장은 경부를 보임했지만 한국인에게는 예외였고, 경찰부장과 경찰서장에 한국인을 등용하지 않는 불문율이 있었다.[14]

이와 같이 〈그래프 1〉과 〈표 3〉은 경찰직이 한국인에게 배타적이었고 한국인은 일본인 경찰을 보조하는 위치 이상의 의미를 갖기 어려웠음을 보여준다. 이는 그 속에서 버텨나간 한국인 경찰, 특히 좁은 문을 통과하여 고위직까지 올라간 한국인 경찰의 정체성을 파악하고, 그들을 역사 속에서 어떻게 자리매김할 것인지에 대해서도 시사하는 바가 있다.

10번 문항의 자료를 통해 경찰의 소관업무를 살펴보면, 경찰이 일반 행정업무까지 담당하였음을 알 수 있다. 경찰은 일본어 교육, 일장기 보급 등 동화 정책에 관련된 일도 담당하였다. 이는 일제의 한국지배가 경찰력, 즉 물리력을 통한 강압적·통제적 지배였음을 의미한다.

---

14 장신, 「조선총독부의 경찰 인사와 한국인 경찰」, 《역사문제연구》 22, 역사문제연구소, 2009, 158~162쪽, 178쪽.

13번 문항의 자료는 경찰이 상당한 권한을 갖고 있었음을 보여준다. 범죄즉결이란 범죄행위를 정식 재판 없이 경찰관 자의로 처벌하는 것을 말한다. 경찰관이 경범죄뿐 아니라 형사사건에 대해서도 구형하고 선고할 수 있는 사법권을 행사하였던 것이다.

이상과 같이 〈그래프 1〉과 〈표 3〉을 활용하여 일제 통치의 성격, 경찰의 담당업무에서 짐작할 수 있는 일상생활과 경찰의 관계, 한국인 경찰의 역사적 자리매김 문제까지 함께 다룰 수 있다.

◎ 답안 예시

예제

1. 모두 증가하고 있다.

2. 모두 증가하고 있다.

3. ⓔ는 남녀 학생 수와 전체 인구 수, ⓕ는 공립보통학교 입학 아동 수와 6세 아동 인구 수가 필요하다.

4. ⓐ가 증가한 것은 학교가 계속 설립되었기 때문이다. ⓓ의 증가는 학령 인구의 자연 증가에 기인한 점도 있고 학교 수의 증가, 교육열 등으로 취학 기회를 갖게 된 아동 수가 늘었기 때문이다.

5. 한국 내 일본인 학생 수보다 한국인 학생 수가 더 많기 때문이다.

6. 한국 내 일본인보다 한국인 인구가 더 많으니 당연히 학생 수도 한국인이 많은 것이다.

7. 가난, 학교 부족 등으로 인해 보통학교에 취학하지 못한 한국인 아동이 많았기 때문이다.

8. 낮다. 기왕이면 아들을 우선 교육시킨다는 전통적 여성 차별 사상, 딸들까지 학교에 보내기 어려운 경제적 이유 등을 들 수 있다.

9. 보통학교에 입학하지 못한 여자 아동은 학력 차이 때문에 취업에서도, 결혼에서도 교육받은 여성에 비해 불리하게 된다. 따라서 사회적·경제적 지위 상승의 기회를 얻기가 더 어려워진다.

10. 표 해설 참조.

1. 계속 증가하고 있다.

2. 많다.

3. 순사

4. 경시

5. 〈표 3〉에 기입(한국인 경찰관의 수를 한국인과 일본인 경찰관을 합한 수로 나누면 됨)

6. 경시 · 경부 · 경부보는 감소하고 있다. 순사는 1910년대에는 크게 증가했지만 1919년 이후에는 감소하였다.

7. 순사 → 경부, 경부보 비슷 → 경시

8. 순사

9. 1919년 3 · 1 운동

10. 일제강점기에 경찰은 통치에 매우 중요한 역할을 하고 있었으므로 한국인을 많이 임용하지 않으려 했기 때문이다.

11. 한국어를 못하는 일본인 경찰이 많았기 때문이다.

12. 낮다. 승진에서 한국인이 불리했기 때문이다. 지위가 높고 중요한 자리일수록 한국인을 임명하려 하지 않았을 것이다.

13. 일제강점기 경찰은 막강한 권한을 갖고 있었다. 일제는 경찰을 증원하고 호구조사나 청결검사 등 한국인의 일상생활에 깊이 간여하게 함으로써 강압적 공포 분위기를 조성하여 한국인을 통제하였다.

14. ① 학생들의 자유로운 발표. 예를 들면 출세하고 싶어서, 안정된 직장이니까, 친절하고 착한 경찰이 되어 한국인을 위해 일할 수 있을 것, 일본인 경찰보다 나을 것 등

② 독립운동(민족운동)

③ 표 해설 참조

참고문헌

1장 생활사 자료

단행본

강신항 외, 『이재난고로 보는 조선 지식인의 생활사』, 한국학중앙연구원, 2007.

규장각한국학연구원 편, 『일기로 본 조선』, 글항아리, 2013.

김찬웅, 『선비의 육아일기를 읽다: 단맛 쓴맛 매운맛 더운맛 다 녹인 18년 사랑』, 글항아리, 2008.

김현영, 『고문서를 통해 본 조선시대 사회사』, 신서원, 2003.

문숙자, 『68년의 나날들, 조선의 일상사』, 너머북스, 2009.

문옥표 외, 『조선 양반의 생활세계』, 백산서당, 2004.

안길정, 『(관아를 통해서 본) 조선시대 생활사』, 사계절, 2003.

이수건, 『16세기 한국 고문서 연구』, 아카넷, 2004.

이승희 역주, 『순원왕후의 한글편지』, 푸른역사, 2010.

전경목, 『(고문서를 통해서 본) 우반동과 우반동 김씨의 역사』, 신아출판사, 2001.

정구복, 『고문서와 양반사회』, 일조각, 2002.

정연식, 『일상으로 본 조선시대 이야기』, 청년사, 2001.

주영하 외, 『19세기 조선, 생활과 사유의 변화를 엿보다-'오주연문장전산고'를 통해 본
　　　조선 후기 생활 문화』, 돌베개, 2005.

최승희, 『한국고문서연구』, 지식산업사, 1989.

하영휘, 『양반의 사생활: 조병덕의 편지 1,700통으로 19세기 조선을 엿보다』, 푸른역사,
　　　2008.

_____, 『옛 편지 낱말사전: 선인들의 간찰사전』, 돌베개, 2011.

한국고문서학회, 『의식주, 살아있는 조선의 풍경』, 역사비평사, 2006.

_____, 『조선시대생활사』, 역사비평사, 1996.

한국생활사박물관편찬위원회, 『한국생활사박물관 1~12』, 사계절, 2000~2005.

한국역사연구회, 『조선시대 사람들은 어떻게 살았을까 1, 2』, 청년사, 1996.

_____, 『고려시대 사람들은 어떻게 살았을까 1, 2』, 청년사, 1997.

_____, 『삼국시대 사람들은 어떻게 살았을까 1, 2』, 청년사, 1998.

자료

남평 조씨 저, 전형대 · 박경신 공역, 『병자일기(丙子日記)』, 예전사, 1991.

박계숙 · 박취문 저, 우인수 역, 『부북일기(赴北日記)』, 2012.

오희문 저, 국사편찬위원회 편, 『쇄미록(瑣尾錄) 上, 下』, 1955.

유희춘 저, 담양향토문화연구회 역, 『미암일기(眉巖日記)』, 담양향토문화연구회, 1992.

이귀 저, 민족문화추진회 역, 『묵재일기(默齋日記)』, 2012.

황윤석 저, 한국정신문화연구원 편역, 『이재난고(頤齋亂藁)』, 한국정신문화연구원, 1994.

웹사이트

국사편찬위원회 한국사데이터베이스 http://db.history.go.kr/

문화콘텐츠닷컴 http://www.culturecontent.com/main.do

한국고전번역원 한국고전종합DB http://db.itkc.or.kr

한국고문서자료관 http://archive.kostma.net

한국역사문화조사자료 데이터베이스 http://www.excavation.co.kr/

한국역사정보통합시스템 http://www.koreanhistory.or.kr/

한국학자료포털 http://www.kostma.net/

2장 신문기사

▣ 단행본

고지훈, 『1面으로 보는 근현대사 2: 1945~1960』, 서해문집, 2010.

김민환, 『한국언론사』, 사회비평사, 1996.

김성희, 『1面으로 보는 근현대사 1: 1884~1945』, 서해문집, 2009.

김영희, 『한국사회의 미디어 출현과 수용: 1880~1980』, 커뮤니케이션북스, 2009.

서울대 정치학과 독립신문강독회, 『독립신문, 다시 읽기: 독립신문 사설선집』, 푸른역사,
        2004.

수요역사연구회, 『식민지 조선과 매일신보』, 신서원, 2003.

유선영 외, 『한국의 미디어 사회문화사』, 한국언론재단, 2007.

정운현, 『호외, 백 년의 기억들』, 삼인, 1997.

정진석, 『한국언론사연구』, 일조각, 1983.

채백, 『신문』, 대원사, 2003.

최준, 『한국신문사논고』, 일조각, 1976.

황병주, 『1面으로 보는 한국 근현대사 3: 1961~1979』, 서해문집, 2011.

▣ 웹사이트

국립중앙도서관 http://www.nl.go.kr

국사편찬위원회 한국사데이터베이스 http://db.history.go.kr/

네이버 뉴스라이브러리 http://newslibrary.naver.com/

한국언론진흥재단 미디어가온 http://www.mediagaon.or.kr/

3장 근현대소설

단행본

강영주, 『한국역사소설의 재인식』, 창비, 1991.

김기봉, 『역사들이 속삭인다』, 프로네시스, 2009.

김우종, 『한국현대소설사』, 성문각, 1982.

김욱동, 『「광장」을 읽는 일곱가지 방법—비평의 광장』, 문학과 지성사, 1996.

김윤식, 『한국근대소설사연구』, 을유문화사, 1986.

김윤식 · 정호웅, 『한국소설사』, 예하, 1993.

김치홍, 『한국근대역사소설의 사적연구』, 한국학술정보, 2006.

류재엽, 『한국근대역사소설연구』, 국학자료원, 2002.

문학과문학교육연구소, 『한국현대소설사』, 삼지원, 1999.

송백헌, 『한국근대역사소설연구』, 삼지원, 1994.

신병주 · 노대환, 『고전소설 속 역사여행』, 돌베개, 2005.

신진균, 「문학의 향기로 역사를 느끼다」, 전국역사교사모임 저, 『우리 아이들에게 역사를 어떻게 가르칠 것인가』, 휴머니스트, 2002.

이상신, 『문학과 역사』, 민음사, 1982.

정호웅, 『한국의 역사소설』, 역락, 2006.

한국문학평론가협회 편, 『문학적 진실과 역사적 진실』, 백문사, 1992.

논문

김일규, 「소설을 읽고 조선 후기 사회 분석하기」, 《역사교육(교)》 45, 전국역사교사모임, 1999.

김태웅, 「국사교재에서 문학작품의 활용 실태와 내용 선정의 방향」, 《역사와경계》 77, 2010.

남경화, 「일제하 지식인 소설을 활용한 생활사 수업」, 한국교원대학교 교육대학원 석사학위논문, 2009.

신경숙, 「다시 읽는 낭만주의: 신역사주의 이후」, 《외국문학》 37, 1993.

신진균, 「역사학습에서 역사소설의 활용」, 《역사교육(교)》 40, 전국역사교사모임, 1997.

양호환, 「역사적 사고의 한계와 역사화의 가능성」, 《역사교육》 87, 2003.

임지연, 「역사학습에서 소설자료 활용 연구: 연암 박지원의 소설을 중심으로」, 이화여자
　　　대학교 교육대학원 석사학위논문, 2006.

전성우, 「독일 사회사의 흐름 –'신역사주의'를 중심으로」, 《사회와역사》 52, 1997.

정민영, 「'한국 근현대사' 수업에서의 문학작품 활용 연구: 광복 이후를 중심으로」, 서강대
　　　학교 교육대학원 석사학위논문, 2009.

정혜경, 「낭만주의와 신역사주의」, 《현상과인식》 15, 1991.

황병하, 「신역사주의의 현대적 의의와 전망」, 《외국문학》 37, 1993.

Wanda J. MIller, "Introduction", *Teaching U.S. History Through Children's Literature*,
　　　Teacher Ideas Press, 1998.

4장 신문 시사만화

단행본

김성환, 『고바우와 함께 산 半生』, 열화당, 1978.

김진수, 『한국 시사만화의 이해』, 커뮤니케이션북스, 2006.

신명직, 『모던뽀이, 경성을 거닐다: 만문만화로 보는 근대의 얼굴』, 현실문화연구, 2003.

유선영 외, 『한국 시사 만화』, 한국언론재단, 2000.

윤영옥, 『한국신문만화사(1909~1995)』, 열화당, 1995.

이홍우, 『나대로 간다』, 동아일보사, 2007.

한국기자협회 편집부, 『(2006)한국시사만화 걸작 100선』, 한국기자협회, 2007.

박영신, 「역사수업자료로서의 시사만화 연구」, 이화여자대학교 교육대학원 석사학위 논문, 2003.

손상익, 「한국 신문시사만화사 연구―풍자성과 사회비판적 역할을 중심으로」, 중앙대학교 박사학위 논문, 2004.

서은영, 「한국 근대 만화의 전개와 문화적 의미」, 고려대학교 박사학위논문, 2013.

네이버 뉴스라이브러리 http://newslibrary.naver.com

박재동 그림판 http://www.hani.co.kr/parkjd/home.html

코카뉴스, 한국시사만화탄압사 http://www.cocanews.com/?doc=news/read.htm&ns_id=807

5장 사진

버몬트 뉴홀 외, 이주영 역, 『기록으로서의 사진』, 눈빛, 1996.

서울대학교 역사연구소 편, 『복원과 재현: 역사와 현재의 만남』, 선인, 2012.

수전 손택, 이재원 역, 『사진에 관하여』, 이후, 2002.

이경민, 『제국의 렌즈』, 산책자, 2010.

이돈수·이순우, 『꼬레아 에 꼬레아니: 사진해설판―100년 전 서울 주재 이탈리아 외교관 카를로 로제티의 대한제국 견문기』, 하늘재, 2009.

이영준, 『비평의 눈초리―사진에 대한 20가지 생각』, 눈빛, 2008.

_____, 『사진이론의 상상력―사진에 새롭게 접근한 여덟 편의 텍스트』, 눈빛, 2006.

전우용, 『서울에서 살으렵니다』, 한미사진미술관, 2012.

진동선 엮음, 『사진과 역사적 기억』, 눈빛, 2002.

최민식, 『사진이란 무엇인가』, 현문서가, 2005.

테사 모리스-스즈키, 김경원 역, 『우리 안의 과거-렌즈에 비친 그림자: 사진이라는 기
　　　억』, 휴머니스트, 2006.

피터 버크, 박광식 역, 『이미지의 문화사: 역사는 미술과 어떻게 만나는가』, 심산, 2005.

Chris Hinton, *What Is Evidence*, John Murray, 1993.

Maxim, George W., *Social Studies and the Elementary School Child*(6th ed.), N.J. :
　　　Prentice-Hall, 1999.

Sam Wineberg, Daisy Martin and Chauncey Monte-Sano, *Reading Like a History
　　　Teaching Literacy in Middle and High School History Classrooms*, Teachers
　　　College Press, Columbia University, 2011.

논문

권혁희, 「일제시대 사진엽서에 나타난 '재현의 정치학'」, 《한국문화인류학》 36-1, 2003.

김주택, 「사진자료를 통한 초등학생의 역사이해」, 《사회과교육연구》 10-1, 2003.

김태웅, 「한국 근현대 역사사진의 허실과 정리 방향 – 국사 개설서와 7차 교육과정 교과서
　　　를 중심으로-」, 《역사교육》 119, 2011.

박재건, 「역사와 사진: 기록 개념에 관한 새로운 의미」, 《한국사진학회지》 9, 2002.

박주석, 「한국 기록사진의 개념 형성과 전개」, 《기록학연구》 7, 2011.

주형일, 「사진의 시간: 기억과 역사의 문제」, 《영상문화》 6, 2002.

사진자료

군산시, 『사진으로 보는 군산 100년』, 군산시, 2004.

김　승 · 양미숙 편, 김한근 사진, 『신편 부산대관-사진으로 보는 부산변천사』, 선인,
　　　2011.

미 국립문서기록보관청(NARA) (사진), 박도 옮김, 『지울 수 없는 이미지』 1~2, 눈빛, 2006.

박　도 편, 『일제 강점기』, 눈빛, 2010.

_____,『개화기와 대한제국』, 눈빛, 2012.

부산박물관 편,『사진엽서로 보는 근대풍경』1~7, 민속원, 2009.

서울시정개발연구원 · 서울학연구소,『서울 20세기, 100년의 사진기록』, 서울시정개발연
　　　구원, 2000.

서울특별시사편찬위원회 편,『사진으로 보는 서울』1~6, 서울시사편찬위원회, 2002~
　　　2010.

우당기념관 편, 박도 글,『사진으로 엮은 한국독립운동사』, 눈빛, 2005.

홍순민 외,『서양인이 만든 근대 전기 한국 이미지』Ⅰ · Ⅱ · Ⅲ, 청년사, 2009.

6장 그림

단행본

강민기 외,『한국 미술문화의 이해』, 예경, 2006.

김운룡 외 엮음,『高麗佛畵』, 中央日報社, 1981.

문명대,『고려 불화』, 열화당, 1994.

송태현,『이미지와 상징』, 라이트 하우스, 2007.

아르놀트 하우저, 백낙청 외 역,『문학과 예술의 사회사 2』, 창작과 비평사, 1999.

안휘준,『한국 회화의 이해』, 시공사, 2000.

안휘준 · 민길홍 엮음,『(역사와 사상이 담긴) 조선시대 인물화』, 학고재, 2009.

A. 리샤르, 백기수 역,『미술 비평의 역사』, 悅話堂, 1995.

유평근 · 진형준 공저,『이미지』, 살림, 2001.

윤용이 외,『한국미술사의 새로운 지평을 찾아서』, 학고재, 1997.

진중권,『교수대 위의 까치: 진중권의 독창적인 그림 읽기』, 휴머니스트, 2009.

피터 버크, 박광식 역,『이미지의 문화사: 역사는 미술과 어떻게 만나는가』, 심산, 2005.

허균,『전통미술의 소재와 상징』, 敎保文庫, 1991.

헤르만 바우어, 홍진경 역,『美術史學의 이해: 비평적 미술사 연구 입문』, 시공사, 1999.

홍진경, 『인간의 얼굴, 그림으로 읽기』, 예담, 2002.

논문

김민정, 「미술 자료를 활용한 역사 학습 모형 개발 연구」, 이화여자대학교 교육대학원 석
　　　사학위 논문, 2005.

김한종, 「역사교육에서 미술사자료의 텍스트성과 그 활용」, 《文化史學》, 11·12·13,
　　　1999.

신상희, 「역사과와의 통합에 의한 미술감상 교육 방안 연구」, 한국교원대학교 교육대학원
　　　석사학위 논문, 2003.

이강주, 「세계사 교과의 통합에 의한 미술 감상 교육방안 연구: 고등학교 미술을 중심으
　　　로」, 숙명여자대학교 교육대학원 석사학위 논문, 2005.

이수진, 「미술감상수업과 세계사교과의 통합교육 지도방안 연구」, 국민대학교 교육대학
　　　원 석사학위 논문, 2009.

이언화, 「高麗後期 觀音圖의 조성배경과 특징」, 부산대학교 석사학위 논문, 2007.

조요한, 「미술사학의 방법과 과제」, 조요한 외, 『미술사학 1』, 민음사, 1989.

황금순, 「고려 수월관음도의 도상과 신앙 연구」, 홍익대학교 석사학위 논문, 2001.

문헌

강명관, 『조선 사람들, 혜원의 그림 밖으로 걸어나오다』, 푸른역사, 2001.

국립광주박물관, 『고구려 고분벽화: 모사도』, 국립광주박물관, 2005.

국립문화재연구소, 『다시보는 우리 초상의 세계』, 국립문화재연구소, 2007.

김영재, 『귀신먹는 까치호랑이: 民畵를 통해 본 우리문화의 수수께끼』, 들녘, 1997.

서주희, 『풍속화: 붓과 색으로 조선을 깨우다』, 시공사, 2008.

오주석, 『옛 그림읽기의 즐거움』, 솔, 2006.

유마리·김승희 공저, 『불교회화』, 솔, 2005.

유홍준, 『화인열전 1, 2』, 역사비평사, 2001.

윤병렬, 『고구려의 고분벽화에 그려진 한국의 고대철학』, 철학과현실사, 2008.

이동주, 『우리 옛 그림의 아름다움: 전통회화의 감상과 흐름』, 시공사, 1996.

전호태, 『고구려 고분 벽화 읽기』, 서울대학교출판부, 2008.

정병모, 『한국의 풍속화』, 한길아트, 2000.

하인리히 F. J. 융커, 이영석 역, 『箕山, 한국의 옛그림: 풍경과 민속』, 민속원, 2003.

웹사이트

국가문화유산 종합정보서비스 http://www.heritage.go.kr/

국립중앙박물관 http://www.museum.go.kr/

서울시립미술관 http://seoulmoa.seoul.go.kr/

가회박물관 http://www.gahoemuseum.org/

한국불교미술박물관 http://www.buddhistmuseum.co.kr/

북한문화재자료관 http://north.nricp.go.kr/

백송갤러리 http://www.artbaiksong.com/

7장 선전 포스터

단행본

강만길, 『고쳐 쓴 한국 현대사』, 창비, 1994.

김영순 外, 『문화와 기호』, 인하대 출판부, 2004.

김태웅, 『뿌리깊은 한국사 샘이 깊은 이야기』 6(근대), 2002.

김한종, 『역사수업의 원리』, 책과 함께, 2007.

류승렬, 『뿌리깊은 한국사 샘이 깊은 이야기』 7(현대), 2002.

마리아 스터르큰 외, 윤태진 역, 『영상문화의 이해』, 커뮤니케이션 북스, 2006.

서울시립대학교박물관, 『캠페인을 보면 사회가 보인다』(圖錄), 2002.

송언종 외, 『'97 광주 비엔날레 특별전: 일상·기억·역사─해방후 한국미술과 시각문화』

(圖錄), 1997.

어윈 파노프스키, 『도상해석학 연구』, 시공사, 2003.

에드워드 버네이스 저, 강미경 역, 『프로파간다-대중 심리를 조종하는 선전 전략』, 공존, 2009.

역사교과서연구회 외 편, 『한일역사공통교재-한일교류의 역사』, 혜안, 2007.

역사학연구소 편, 『함께 보는 한국 근현대사』, 서해문집, 2004.

윤학중·황부용, 『포스터에의 도전』, 부산일보사, 1984.

전국역사교사모임, 『미술로 보는 우리 역사』, 푸른나무, 1992.

_____, 『역사, 무엇을 어떻게 가르칠까』, 휴머니스트, 2008.

존 바나콧 저, 김숙 역, 『포스터의 역사』, 시공사, 2000.

한국사연구회 편, 『한국사 길잡이(下)』, 지식산업사, 2008.

한일비교문화연구센터 편, 『완역 모던 일본과 조선 1940』, 어문학사, 2009.

한중일3국공동연사편찬위원회, 『미래를 여는 역사』, 한겨레출판, 2005.

논문

김한종, 「국사수업에서 인터넷 미술사자료의 활용」, 《歷史敎育》 75, 歷史敎育研究會, 2000.

_____, 「역사교육에서 미술사자료의 텍스트성과 그 활용」, 《文化史學》 11·12·13, 韓國文化史學會, 1999.

_____, 「역사의 표현 양식과 국사 교과서 서술」, 《歷史敎育》 76, 2000.

박암종, 「한국 근대 포스터의 특징과 스타일에 관한 연구」, 《디자인학연구》 28, 2008.

신용옥, 「반공독재와 '조국근대화'-포스터에 드리워진 근대의 초상」, 《내일을 여는 역사》, 신서원, 2000.

8장 지도

단행본

개리 레드야드 지음, 장상훈 옮김, 『한국 고지도의 역사』, 소나무, 2011.

김용만 · 김준수, 『지도로 보는 한국사』, 수막새, 2004.

미야자키 마사가츠 저, 노은주 역, 『지도로 보는 세계사』, 이다미디어, 2005.

설혜심, 『지도 만드는 사람』, 도서출판 길, 2007.

KBS 〈문명의 기억, 지도〉 제작팀, 『문명의 기억, 지도』, 중앙BOOKS, 2012.

한국문화역사지리학회 엮음, 이준선 등, 『한국역사지리』, 푸른길, 2011.

9장 통계자료

단행본

김부자, 『학교 밖의 조선여성들』, 일조각, 2009.

김진호, 『통계상식 백가지』, 현암사, 2002.

나카다 노리오 저, 최현숙 역, 『피사의 사탑에서 수학을 배우자』, 이지북, 2001.

대럴 허프, 박영훈 옮김, 『새빨간 거짓말 통계』, 더불어 책, 2004.

리처드 마리우스, 멜빈 E. 페이지 지음, 남경태 옮김, 『역사 글쓰기, 어떻게 할 것인가』, 휴머니스트, 2010.

박명규 외 지음, 『식민권력과 통계(한국학 모노그래프8)』, 서울대학교출판부, 2003.

버나드 코헨, 김명남 역, 『세계를 삼킨 숫자 이야기』, 생각의 나무, 2005.

박은경, 『일제하 조선인관료 연구』, 학민사, 1999.

오성철, 『식민지 초등교육의 형성』, 교육과학사, 2000.

정남구, 『통계가 전하는 거짓말: 우리는 날마다 '숫자'에 속으며 산다』, 시대의창, 2008.

정한영, 『통계학사 개론』, 한림대학교 출판부, 1995.

최상훈 외, 『역사과 평가의 이론과 실제』, 책과 함께, 2012.

통계청 편, 『한국통계발전사1: 시대별 발전사』, 통계청, 1992.

허수열, 『개발없는 개발: 일제하 조선경제 개발의 현상과 본질』, 은행나무, 2005.

_____, 『일제 초기 조선의 농업: 식민지근대화론의 농업개발론을 비판한다』, 한길사, 2011.

■ 논문

양재열, 「19세기 미국 정치사와 계량사학(Quantitative History)」, 《계명사학》 17, 2006.

장 신, 「경찰제도의 확립과 식민지기 국가권력의 일상 침투」, 『일제의 식민지배와 일상생활』, 혜안, 2004.

_____, 「조선총독부의 경찰 인사와 조선인 경찰조선총독부의 경찰 인사와 조선인 경찰」, 《역사문제연구》 22, 2009.

차명수, 「산업혁명과 역사통계」, 《경제사학》 50, 2011.

■ 자료

『조선총독부통계연보』, 『조선제학교일람』.

- 김태웅

  서울대학교 사범대학 역사교육과를 졸업하고 같은 대학원 국사학과에서 문학석사 · 박사 학위를 받았다. 정부기록
  보존소 학예연구관과 군산대학교 조교수를 거쳐 현재 서울대학교 사범대학 역사교육과 교수로 재직 중이다. 학문
  연구와 교육 현장의 거리를 좁히고자 한국 근대사를 자료에 입각하여 탐구할 수 있는 『뿌리 깊은 한국사 샘이 깊
  은 이야기6(근대)』을 펴냈다. 그 밖에 『이주노동자, 그들은 우리에게 어떻게 다가왔나』, 『한국통사』(역해), 『우리 학생
  들이 나아가누나』, 『전라감영연구』(공저), 『서울재정사』(공저), 『한국근대 지방재정 연구』, 『현장 검증 우리 역사』(공
  저) 등 다수의 논저를 저술하였다.

- 김광규

  서울대학교 역사교육과 박사. 한국교육과정평가원 부연구위원

- 김대호

  서울대학교 역사교육과 박사과정 수료

- 김보민

  서울대학교 역사교육과 석사과정 수료. 서울 잠신중학교 역사교사

- 김상기

  서울대학교 역사교육과 박사과정. 서울 동양중학교 역사교사

- 김은영

  서울대학교 역사교육과 박사과정 수료

- 김정희

  서울대학교 역사교육과 석사과정 수료. 경기도 안양 호계중학교 역사교사

- 박지원

  서울대학교 역사교육과 박사과정 수료

- 이선숙

  서울대학교 역사교육과 석사과정 수료. 경기도 광명 광문중학교 역사교사

- 정재선

  서울대학교 역사교육과 석사. 서울대학교 사범대학 부설 여자중학교 역사 교사

- 정진숙

  서울대학교 국사학과 박사과정 수료

- 조민아

  서울대학교 역사교육과 박사과정 수료

- 최윤제

  서울대학교 역사교육과 석사과정 수료. 서울 원묵고등학교 역사교사

- 하명준

  서울대학교 역사교육과 박사. 서울과학기술대학교 강사

- 허두원

  서울대학교 역사교육과 석사과정 수료. 경기도 시흥 정왕고등학교 역사교사

우리 역사, 어떻게 읽고 생각할까: 국사자료 탐구활동 길잡이

1판 1쇄 펴냄 | 2014년 3월 3일
1판 2쇄 펴냄 | 2016년 11월 20일

지은이 | 김태웅 외
펴낸이 | 김정호
펴낸곳 | 아카넷

출판등록 2000년 1월 24일(제406-2000-000012호)
10881 경기도 파주시 회동길 445-3
전화 | 031-955-9511(편집)·031-955-9514(주문)
팩시밀리 | 031-955-9519
책임편집 | 양정우
www.acanet.co.kr / www.phildam.net

ⓒ 김태웅, 2014

Printed in Seoul, Korea.

ISBN 978-89-5733-346-4 93370

이 도서의 국립중앙도서관 출판시도서목록(CIP)은
서지정보유통지원시스템 홈페이지(http://seoji.nl.go.kr)와
국가자료공동목록시스템(http://www.nl.go.kr/kolisnet)에서 이용하실 수 있습니다.
(CIP제어번호: CIP2014005337)